前言

《鬼谷子》是战国时期纵横学派流传下来的惟一部子书，也是一部研究社会政治斗争谋略权术的书，同时也是一部“治人兵法”。《四库全书总目提要·子部·杂家类》的小序有云：“衰周之季，百氏争鸣，立说著书，各为流品，《汉志》所列备矣。或其学不传，后无所述；或其名不美，人不肯居。故绝续不同，不能一概。后人著录，株守旧文，于是墨家仅《墨子》《晏子》二书，名家仅《公孙龙子》《尹文子》《人物志》三书；纵横家仅《鬼谷子》一书。”

鬼谷子，姓王名诩，又名王禅，春秋时卫国朝歌人。常入云梦山采药修道。因隐居清溪之鬼谷，故自称鬼谷先生，是先秦诸子之一，纵横家之鼻祖。主要著作有《鬼谷子》及《本经阴符七术》。

《鬼谷子》阐述了战国纵横家所崇尚的权谋策略和言谈辩论技巧。以阴阳捭阖为基础，说的是各种谋略权术的使用，颇适用于竞争环境。下卷述盛神、养志、实意、分威、散势、转圆、损兑等其中自我修炼方法，至今仍有参考价值。因其主旨与儒家推崇的仁义道德大相径庭，在儒家思想一统天下的时代里，《鬼谷子》颇受冷遇，一度被贬为“小夫蛇鼠之智”，对它的讥讽之声不绝于史。然而，随着时代的演变，谋略的大众化，已成为不可阻挡的时代潮流。《鬼谷子》

的不朽价值，也为越来越多的人所认同。

外交战术的得益与否，关系着国家之安危兴衰；商场谈判与竞争的策略是否得当，关系着企业之得失成败。即使在日常生活中，言谈技巧也关系到一人之处世为人之得体与否。当年苏秦凭其三寸不烂之舌，合纵六国，配六国相印，统领六国共同抗秦，显赫一时。而张仪又凭其谋略与游说技巧，将六国合纵土蹦瓦解，为秦国立下不朽功劳。所谓“智用于众人之所不能知，而能用于众人之所不能。”潜谋于无形，常胜于不争不费，此为《鬼谷子》之精髓所在。

目录

捭阖[1] 第一

原文

粤若稽古[2]，圣人之在天地间也，为众生之先。观阴阳[3]之开阖以命[4]物。知存亡之门户，筹策万类[5]之终始，达人心之理，见变化之朕[6]焉，而守司[7]其门户。故圣人之在天下也，自古至今，其道一也。变化无穷，各有所归。或阴或阳，或柔或刚，或开或闭，或弛或张。是故圣人一守司其门户，审察其所先后，度权量能，校其伎（jì）巧短长。

注释

①捭阖（bǎi hé）：开合，阴阳，开关。

②粤若稽古：顺考古代之道理。

③阴阳：阴，本意为山的背阴面；阳，本意为山的朝阳面。被引申来概括对立统一的两类事物或现象。

④命：辨别。

⑤万类：就是万物。

⑥朕：指征兆，迹象。

⑦守司：看守和管理。

译文

纵观古今历史，可知圣人生活在世界上，就是要成为众人的先导。通过观察事物的对立统一变化，来辨别事物的发展，并进一步了解事物生存和死亡的途径。预测事物的发展过程，精通普通人的思维变化，善于把握事物变化的征兆，从而掌握事物发展变化的趋势。

所以，从古至今凡生于世间的圣人，均奉守大自然的变化规律。事物是变化无穷的，但是都有各自的归宿。或者属阴，或者归阳；或者柔弱，或者刚强；或者开放，或者封闭；或者松弛，或者紧张。所以，圣人要从始至终掌握了解事物的发展变化规律，揣度对方的智谋，测量对方的能力，再比较技巧方面的长处和短处，做出正确的决策。

解析

在全书的开篇，鬼谷子便将满腹谋略的自己深藏于堂奥之室，而将“为状生之先”的圣人挡于身前。无意之间，已将其捭阖之道牛刀小试了一把。一见到“圣人”这个字眼，最先浮现在我们脑海里的，无非是远古的炎、黄二帝，尧、舜、禹三圣，替天行道的商汤、周文王、周武王，以及周公、孔子、孟子、老子、庄子等人物。大致说来，古之圣人有两类，一类是圣君贤臣，如二帝、三圣、商汤、文武、周公等，他们顺应历史潮流，安定天下，治理万民；另一类是大思想家，如孔、孟、老、庄等，他们深入思考自然万象和社会百态，并借助语言文字的武器，为人类探索迷途、解疑释惑。在这些圣人们的身上，映射着整个中华民族智慧的光辉。圣人们的业绩和德行，也将为世世代代的子孙所传颂。

从鬼谷子的观点看来，圣人之所以为圣人，究其根本就是要“守司其门户”。用现代人的理解就是，就是顺应时代发展的潮流，遵循天下兴亡之道。按照中国人的传统思维，一说起“兴亡之道”，人们往往会从夏、商、周中去寻找。这是什么缘故呢？一个合理的解释是，在商朝代替夏朝、周朝代替商朝的过程中，后来者所倚重的谋略尚未被大众知晓。

不仅如此，儒家、道家、法家等诸子百家的思想也不成熟，老百姓的社会政治意识还是一片模糊。所以在那样的年代里，“兴亡之道”就显得很单纯，单纯到用“天命”就能让老百姓臣服。所以，由上而下，由君到民都信“天命”，认为“天命”决定着朝代兴亡。即便是夏桀和商纣这样的暴君，也都自诩天命所归。但经历了朝代不断的更迭之后，我们渐渐明白，所谓的“兴亡之道”，一是历史的大势所趋，二是领袖的才能与智慧，三是民心的向背，这三点直接决定着国家的兴亡以及一切事业的成败。

原文

夫贤、不肖、智、愚、勇、怯，有差。乃可捭，乃可阖；乃可进；乃可退；乃可贱；乃可贵；无为以牧①之。审定有无，以其实②虚，随其嗜欲以见其志意，微排其所言，而捭反之，以求其实，实得其指③，阖而捭之④，以求其利。或开而示之，或阖而闭之。开而示之者，同其情也；阖而闭之者，异其诚也。可与不可，明审其计谋，以原其同异。离合⑤有守⑥，先从其志。

注释

①以牧：用来掌握。
②实：指实情。
③指：意同宗旨。
④阖而捭之：先封闭，然后再打开。
⑤离合：离，离开，不一致。合，闭合，合拢与“开”相对。
⑥守：遵守，信守。

译文

人难免会有贤良和不肖、聪明和愚蠢、勇敢和怯懦的分别。对待不同的人，要采取不同的对策：或开放或封闭；或提升或辞退，或轻视或敬重，都要顺乎自然地加以驾驭。审察对方有什么，缺什么，以了解其虚实；通过分析他的嗜好和欲望，以摸清其意愿；适当排贬对方的言论，捭开其中的矛盾，加以诘难，以便探察实情。采纳和质疑对方的言论以便抓住有利时机，让对方先封闭而后开放，使对方一步步袒露心灵，最终达到我的目的。或敞开心扉直言，或关闭心扉沉默。与对方情感一致，则敞开心扉，与对方心意不同，则关闭心扉。至于敞开心扉与否，取决于是否研究清楚对方的计谋，了解对方与我在本质问题上的差异。无论选择哪一种，都必须有主见，并区别对待，也要注意跟踪对方的思想活动。

解析

《论语》中有这样一个故事，子路和冉有都问孔子，“听到一件事，是否可以立即去做?”而孔子给两人的答案截然不同。对于子路，孔子回答：有父亲和兄长在，为何不先问问他们再去做呢?而对于冉有，他的回答是：可以立即去做。孔子之所以这样做，是因为冉求做事总是退缩向后，所以要鼓励他去做；而子路胆子大，有时很鲁莽，所以要压压他。

孔子之所以成为伟大的教育家，很大程度上是因为他懂得“因材施教”的道理。他的那些杰出的弟子受到老师的影响，在建功立业的道路上也多精于此道。孔子的得意门生子贡困齐救鲁的故事，便是其中最有说服力的例子。

树上没有两片完全相同的树叶，世界上也不可能存在两个完全相同的人。据此，鬼谷子认为，我们就要学会见什么人说什么话。能做到这点就需要全面的了解别人，只有全面而深刻地了解别人，才能“无为以牧之”，更好地实现“求其利”的目标。

有这样一则寓言：讲的是农夫养了一只狗和一头驴子。有一天，他外出吃饭，带回了一些食物。一进家门，他就把这些食物扔给狗吃，狗愉快地摇着尾巴迎上去。主人高兴地抱起了狗。驴子非常羡慕狗，心想：“为了让主人高兴，我是否也可以这样呢?这对我来说很容易办到。”想着想着，驴子也跑了过来。它摇着尾巴，抬起一只丑陋的前蹄，欢蹦乱跳。主人大喊道：“哎呀，这驴子一定是疯了，快拿棍子来!”结果，驴子被打了一顿，还被拴在了马槽边。

显然，驴子的错误在于它忽略了自己与狗的区别。在现实生活中，同一件事不一定适应不同的人。因此，对于不同的人，应该采取不同的对策。聪明人善于根据别人不同的特性，采取完全不同的对待方法。

原文

即欲捭之贵周[1]，即欲阖之贵密。周密之贵微，而与道[2]相追。捭之者，料其情也；阖之者，结其诚也。皆见其权衡轻重，乃为之度数[3]，圣人因而为之虑。其不中权衡度数，圣人因而自为之虑。故捭者，或捭而出[4]之，或捭而纳[5]之；阖者，或捭而取之，或阖而去之。捭阖者，天地之道。捭阖者，以变动阴阳，四时开闭[6]，以化万物。纵横[7]、反出、反覆、反忤，必由此矣。

注释

①周：不遗漏。

②道：道理、规律。这里指与规律相近的道理。

③为之度数：测量重量与长度的数值。

④出：出去。

⑤纳：收容、接纳。

⑥闭：结束。

⑦纵横：自由自在的变化。

译文

如果要开放，最要紧的是考虑的没有遗漏；如果要封闭，最要紧的是能够严守机密。要达到周密，最难能可贵的是做得微妙，合乎事物发展的规律和道理。让对方开放，是为了考察他的真情；让对方封闭，是为了坚定他的诚心。这些都是为了彻底摸清对方的底细，以便探测其各方面的的程度和数量。若据此足以做出分析和预测，圣人会因此而用心思索。若分析和预测的结果不理想，圣人就会想办法另行谋划。

因此，所谓开放，有的是要自己出去；有的是让别人进来。所谓封闭，有的是通过封闭来自我约束；有的是通过封闭使别人被迫离开。开放和封闭是世界上各种事物发展变化的规律。开放和封闭，都是通过运动来使事物内部对立的各方面发生变化，通过一年四季的更替使万物发展变化。不论是变化，还是离开、反复、反抗，都必须通过捭阖来实现。

解析

鬼谷子的捭阖之术，归根结底，是要琢磨对方，然后再想对策。这也是达到趋利避害的有效途径。对自己有利就要开放，对自己不利就要封闭。“捭阖”原指门的开开关关，这个很贴切。门不但有供人进出的作用，还能把粮食、家具等有用的东西关在屋里，而把风雨、噪音等有害的东西关在屋外。同样，人们心中也应该有一扇这样的门，知道应该把什么关在门内，什么关在门外。

鬼谷子强调应用捭阖之术要确保周详缜密，攻守兼备。若捭阖得不好，反而会让自己门户大开，一败涂地。其术最关键之处，在于应“闭”时确保能自守门户，韬光养晦，度过难关，从而占据先机，一役而胜。在历史进程中，凡能建功立业者，无不深谙此道。

在历史上，但凡功成名就之人，无不深谙捭阖之道。魏大将军司马懿、明成祖朱棣等人，都曾以周密的捭阖之策而反败为胜，纵横天下。

《墨子》里有这样一则故事。子禽问道：“多说话有好处吗？”墨子说：“蛤蟆、青蛙、苍蝇一天叫到晚，口干舌累，但是没有人去注意它们。现在我们再来看公鸡，它每到黎明时就打鸣，天下人都被它惊动了。所以说，多说话有什么用呢？只有在正合时机的时候说话才有用。”话不在多，切中要害才是关键。在适当的时机、适当的地点说出一番适当的话，小则可以改变个人的命运，大则可以改变历史的进程。在历史上，这样的例子是很多的。

汉朝初建的时候，战火方息，民生凋敝。丞相萧何向高祖建议，将上林苑中的大片空地让给老百姓耕种。高祖一听萧何居然盯上了自己的园林，不禁勃然大怒，认为萧何肯定接受了老百姓的贿赂，才公然替他们说话，于是下令将萧何逮捕下狱，由廷尉审查治罪。这时，旁边一位侍卫官上前劝告高祖说：“陛下是否记得楚汉相争及亲征陈豨、黥布的时候？那几年，丞相一人驻守关中，受到关中百姓的拥戴。若丞相真有利己之心，那关中之地恐怕非陛下所有。昔日丞相不为自己谋大利，今天又怎么会去贪占百姓的一点小利呢？”这简简单单的一席话，令高祖猛然醒悟，不由心生愧疚，立即下令赦免了萧何。

我们知道，汉朝廷尉惯用大刑，一旦萧何真落到廷尉手里，弄不好会屈打成招。在关系萧何命运的紧急关口，多亏那位侍卫官仗义直言，一语中的，打动了高祖之心，方才消除了萧何的牢狱之灾。凭着一副古道热肠，该直言时直言，这是侠士所为。但是，直言也应斟酌语句，说出话来掷地有声，方能达到助人解困的目的。若直言变成了激愤之言，则可能言而无功，甚至殃及自身。

与直言相比，沉默似乎简单多了，但其实也是不容易做到的。俗语说：“病从口入，祸从口出”。在日常生活中，因为说话不当产生矛盾的事，可能我们每个人都亲身经历过。古往今来，许多人都把“沉默是金”作为自己立身行事的一条原则。唐朝诗人刘禹锡的《口兵诫》说：“我诫于口，惟心之门。毋为我兵，当为我藩。以慎为键，以忍为阍。可以多食，毋以多言。”可见人们对言多语失是何等的慎诫。时至今日，我们虽然不再崇尚“沉默是金”的信条，但在某些场合，还是少说话为宜。

有一则寓言，说一只乌龟厌倦了自己的家，想到外面看世界。她把自己的打算讲给两只野鸭听，后者表示可以帮它实现愿望。为了空运乌龟，野鸭们在乌龟的嘴里横放了一根木棍，尔后吩咐她道：“咬紧啊，万万不能松口！”说罢，两只鸭子各架起棍子的一头，腾空而起，把乌龟送上了天。乌龟架在野鸭之间遨游，经过的地方，人们抬头观看，都十分惊奇。“真是神了！”大家喊道，“快看呀！乌龟皇后飞天了！”听了人们的赞叹，“乌龟皇后”忘乎所以，她准备开口说点什么，嘴刚一松开棍子，就从空中一个倒栽葱，摔死在那些观景的人群脚边。

不谨慎的多嘴饶舌，愚蠢的虚荣心，都是成功的共同敌人。在该沉默的时候，一定要沉默，否则谁也难保不会像那只有梦想的“乌龟皇后”一样，从事业的顶峰直摔下来。

历史上，面对高高在上的君主，很多名臣都曾面临说与不说的抉择。尤其在涉及道义问题的时候，这种抉择将变得非常艰难。一言不慎、杀身成仁者，哪个朝代都有。尽管赢得青史美名，但毕竟是悲剧一场。“伴君如伴虎”一句，道尽了臣子们的这种尴尬与无奈。在说与不说的问题上，确实集中反映一个人的智慧与谋略。

汉高祖刘邦生前为了防止将来吕后专权误国，曾与吕后和大臣们杀白马盟誓，非刘氏子弟不得封王。高祖死后，吕后果然独擅大权。她想立吕姓子弟为王，就问王陵是否可以，王陵直言不讳地说：“当年高祖盟誓，非刘姓不得为王，因此万万不可。”吕后大怒，就转而问陈平，陈平却说：“如今是太后执掌朝政，凡事可以自主。”吕后于是贬谪王陵，封了很多吕氏家族的子弟为王。事后，王陵责备陈平：“当年高祖盟誓的时候，你也在盟誓者之列，如今为何违背誓言？你是要靠谄媚而谋高位吗？”陈平笑着说：“不是这样，当廷触犯太后之威，我不如你，可将来辅汉安刘，你就不如我了。”果然，吕后死后，诸吕妄图作乱，正是陈平、周勃等人挺身而出，剪除诸吕，拥立汉文帝即位，才保全了刘家天下。

在面对吕后不怀好意的咨询时，陈平与王陵的态度迥乎不同。王陵仗义直言，傲骨铮铮，虽让吕后无话可说，但也使自己遭到贬谪的命运，无法继续控制事态的发展。陈平则以妥协的方式，保全了自己的实力，并且为将来剪除诸吕积极运筹，最终实现了辅汉安刘的诺言。两相比较，王陵之略方，陈平之略圆。从道义的角度来说，王陵更令人尊敬；而从谋略的角度来说，陈平的做法更可取一些。

在敌我双方的局势尚未完全明朗，或者说敌方的力量远大于自己的时候，采取附和或者沉默的方式来应对，同时积极谋划以图大事，这才符合鬼谷子捭阖之道的精神。

原文

捭阖者，道之大化[①]，说之变[②]也；必豫审其变化，吉凶大命系焉（yān）。口者，心之门户也，心者，神之主也。志意、喜欲、思虑、智谋，此皆由门户出入，故关之以捭阖，制之以出入。捭之者，开也、言也、阳也；阖之者，闭也、默也、阴也。阴阳其和，终始其义[③]。

故言长生、安乐、富贵、尊荣、显名、爱好、财利、得意、喜欲为阳，曰"始"。故言死亡、忧患、贫贱、苦辱、弃损、亡利、失意、有害、刑戮（lù）、诛罚为阴，曰"终"。诸言[④]法阳之类者，皆曰"始"，言善以始其事；诸言法阴之类者，皆曰"终"，言恶以终其谋。

注释

①化：变化规律

②变：变化形态。

③终始其义：指始终保持的义理，即善始善终。

④各种言论。

译文

开放和封闭是万物运行规律的一种体现，也是游说活动须遵循的一种策略。人们必须预先慎重地考察自己的言论可能引起的后果，这关系到当事人的吉凶命运。口是心灵的门面和窗户，心灵是精神的主宰。意志、情欲、思想和智谋都要由这个门窗出入。因此，用开放和封闭来把守这个关口，以控制出入。所谓"捭之"，就是开放、发言、公开；所谓"阖之"，就是封闭、缄默、隐匿。阴阳两方相谐调，开放与封闭才能有节度，紧扣说话的意图。才能善始善终。

所以说长生、安乐、富贵、尊荣、显名、爱好、财利、得意、喜欲等美好的、光明的事物，属于"阳"的一类事物，可以公开说，先说。而死亡、忧患、贫贱、苦辱、弃损、亡利、失意、有害、刑戮、诛罚等不吉之事，属于"阴"的一类事物，以私下说、后说为宜。凡遵循公开说吉利之事者，均可称为"始派"，他们以谈论好事来开始游说；凡遵循私下谈不吉之事者，均可称为"终派"，它们以谈论祸害来终止计谋。

解析

鬼谷子在此论述了说话的基本原则，说白了无非两点：好事要先说、公开说；坏事要后说、私下说。这样做的理由很简单，就是“人性”两字。

一天，太阳和北风比赛，看谁能让一个过路人脱掉衣服。一开始，北风刮起刺骨的寒风，企图刮掉过路人身上的衣服，但过路人却将衣服裹得越来越紧。北风疲倦了，便让太阳来试试。太阳把温和的阳光洒向过路人，天气渐渐暖和了，那个人也就把衣服脱了。

俗话说：“良言一语三春暖，恶言一句六月寒。”让话语像三春的太阳温暖人心，就会收到意想不到的效果。从一定意义上说，谈话也是门艺术，有些话从某些人嘴里说出，亲切婉转，使人如沐春风；而同样的内容从另一些人嘴里说出，就暴戾生硬，让人难以接受。尤其是劝说别人，更要注重分寸，讲究方式，要尽量做到和颜悦色、循循善诱，动之以情、晓之以理，这样才更容易达到劝说的目的。

王衍少年时就伶牙俐齿，一次，他在文学家山涛府上做客，以清秀的仪表、文雅的谈吐赢得四座赞赏。而阅人无数的山涛却感叹道：“日后耽误天下的，未必不是此人啊！”王衍成年后当了大官，却对俗务毫无兴趣，唯独喜好老庄学说，满嘴都是玄妙空虚的怪话，当别人指出他的错误或提出质疑，他也满不在乎，甚至不假思索，随口更改。因此人们便嘲讽他是“口中雌黄”。王衍的言行倒是十分“一致”，因为他做事同样毫无原则。他先把女儿许配给太子为妃，不久太子遭人陷害，身处险境，写信向王衍求助，王衍非但不替太子辩白，反而因为怕受连累而上表请求解除女儿与太子的婚约。后来太子冤案得以昭雪，王衍因此而被判终身禁锢。西晋后期，皇族斗争愈演愈烈，最终酿成“八王之乱”，王衍靠巴结钻营的本事，又当了大官。后来，西晋王朝败亡，王衍也沦为石勒的阶下囚。他还想苟全，便劝石勒建国称帝，结果被石勒活埋。不可否认，王衍确实有点才气，但这种才气最终转化成了丑恶，他也落了个可悲的下场。

在现代社会，类似王衍这样的人着实不少，可这些人未必谈论什么国家大事，而都是“张家长、李家短”的一些小事，特别以谈论人家的隐私为乐。即便是一个品德高尚的人，虽没有见不得人的事，但也会有一些只属于个人的秘密。每个人的心灵里都会有一些最柔弱的地方不愿被别人触摸，也都会留下几幅记忆的图片，宁愿关起门来，一个人在灯下独自欣赏。自道隐私不是坦白、直率，它会使你和别人陷入尴尬，而随便谈论别人的隐私则容易造成有意无意的伤害。

谨言慎行对自己、对他人都是一种负责任的态度。反之，言辞不忍有百害而无一利。言多必失，话一出口，妄下结论，所造成的影响，再用几百句、几千句话也弥补不了。不注意言语的轻重对错，任性而为，往往会给自己带来无尽的烦恼，甚至带来生命或财产的损失。

其实，现代人最容易犯的错误，倒不是“生嗔”，而是不慎重考虑就轻易说出自己的诺言，这种人实际是一个过失欺骗犯。因为话说得太省事，说话之后就不得不三番五次地变更，有时甚至根本无法兑现。你没有能力做到，别人也根本不会要求于你，但有了你的承诺，别人就会寄予希望。你的失信，别人很少会看作是一种无能，只能看作寡恩。总是言而无信的人，都应该读读“季子挂剑”的故事。

春秋时代，吴国王子季札出使鲁国途中经过徐国，受到徐君的热情招待。季札随身佩戴着一口宝剑，徐君非常喜欢，他嘴上虽然没说，但还是被季札看出来了。季札心里打定主意，回国时一定要把宝剑献给徐君。几个月以后，季札又回到徐国。但这时徐君已经去世了，埋葬在徐国都城的郊外。于是季札来到徐君的墓地，解下宝剑，挂在墓地旁的树上，然后便踏上了回国之路。季子对于心里的承诺也要遵守，这是怎样高尚的信义啊！

本来，许诺为人做事是为了建立一种友好，但轻诺寡信却常常比拒绝更容易招来怨恨。因此，我们一旦承诺了别人，就要想方设法去实践诺言，这是赢得别人尊重的最佳方式！

原文

捭阖之道，以阴阳试①之，故与阳言者依崇高，与阴言者依卑小。以下求小，以高求大。由此言之，无所不出，无所不入②，无所不可③。可以说④人，可以说家，可以说国，可以说天下。为小无内，为大无外。

益损、去就、倍反⑤，皆以阴阳御其事。阳动而行，阴止而藏；阳动而出，阴随而入。阳还终始，阴极反阳。以阳动者，德相生也；以阴静者，形相成也。以阳求阴，苞以德也；以阴结阳，施以力也；阴阳相求，由捭阖也。此天地阴阳之道，而说人之法也，为万事之先，是谓“圆方之门户”。

注释

①试：试探。

②入：进入，与“出”相对。

③可：可以。

④说：说服。

⑤倍反：背叛或复归。

译文

关于捭阖之道，要从阴阳两方面（即说之以利或说之以害）来试探对方。因此，对于积极进取者，应谈论崇高奋进之事来加以引导；而对消极保守者，应谈论卑微求全之事来加以引导。卑微求全之事，易得到志小者采纳；崇高奋进之事，易得到志大者采纳。若能从人物心理出发去游说，则无所不出，无所不入，无所不可，达到无往而不胜的境界。这种游说方法，可以游说人，可以游说家，可以游说国，可以游说天下。做小事不尽其小，做大事无限其大。

所有的损害和补益，离开和接近，背叛和归附等等行为，都是运用阴、阳的变化来驾驭的。阳的方面，运动前进；阴的方面，静止、隐藏。阳的方面，活动显出；阴的方面，随行潜入。阳的方面，环行于终点和开端；阴的方面，到了极点就反归为阳。凡是凭阳气行动的人，道德就与之相生；凡是凭阴气而静止的人，开拓势就与之相成。用阳气来追求阴气，要靠道德来包容；用阴气结纳阳气，要用外力来约束。阴阳之气互相追求，是依据捭阖的原则。捭阖阴阳之道，是万事万物的根本道理，是天地间解决万事万物的钥匙。

解析

在这里，鬼谷子提出了“与阳言者依崇高，与阴言者依卑小”的论点。他把人笼统地分为两类，一类是“阳言者”，即积极进取者；一类是“阴言者”，即消极保守者。我们在与人共事或交谈之前，不妨也先给对方归一下类，然后决定用什么样的言行来对待他。

一个人能取得多大的成就，很大程度上决定于他的志向。有人问鹰：“你为什么到高空去教育你的孩子？”鹰回答说：“如果我贴着地面去教育它们，那么它们长大了，哪有勇气去接近太阳呢？”一个有所作为的人，不会惮于把自己置身险境。在胸怀上博大宽厚，光明磊落；细节上点滴积累，大事上眼光长远；加上坚强的意志，完善的人格，就可以为自己事业的成功奠定厚实的基石。大石拦路，弱者视为障碍，对于勇者却是前进的阶梯。

项羽是楚国名将项燕的后代，他的叔父项梁从小就培养他，希望他将来能够成为栋梁之才。项羽最初学习诗书，但不久就厌倦了，后来又学习剑术，但也半途而废。项梁看侄子学无所成，非常生气，就严厉地训斥他。可是项羽理直气壮地说："读书不过是记个名姓罢了，剑术学得再好，也只能对抗一个人。我不愿学习这些，我要学习的是领兵打仗的本领！"项梁听了，觉得这个孩子有大志，就教他学习兵法。一次，秦始皇南巡会稽，当他的车马仪仗浩浩荡荡地经过时，人们都在大路两旁驻足观看，项羽和项梁也在其中。就在这时，项羽忽然指着威风凛凛的秦始皇对他的叔父说："我可以取代他的地位！"项梁听了，急忙捂住项羽的嘴，心里却也暗暗赞赏侄子的胆识。自从这件事情之后，项梁就更加用心地栽培项羽。后来，陈胜、吴广在大泽乡揭竿而起，项梁和项羽也在会稽杀死当地太守，举旗响应。最后，项羽自立为西楚霸王，真的取代了秦始皇的地位。

项羽是将门之后，生性勇敢顽强，而且立志成为"万人之敌"，对诗书、剑术不感兴趣，唯独喜欢学习兵法。倘若当年项梁不了解项羽之志，而照着书生的标准培养他，恐怕整个中国历史都得改写。与志大者论小，就不可能契合其意，而与志小者论大，却很可能带来灾难性的后果。

就在当年项梁、项羽起兵会稽的时候，东阳县的一些年轻人也杀掉县官，扯起了反秦的大旗，很快收聚了数千民众。他们推选曾经做过县长史的陈婴为首领，因为陈婴是县里最德高望重的人。在陈婴的带领下，这支人马很快扩展到了三万人。义军们在自己的头上戴了一圈黑巾，自称为"苍头军"，并商量着要立陈婴为王。陈婴犹豫不决的时候，他的母亲站出来劝阻他说："自从我嫁到陈家，从没听到你家祖先有过什么达官贵人。现在你突然当了三万多人马的首领，这可不是什么好事。你不如率众归顺于其他实力雄厚的义军首领，将来起义成功，还可封王封侯。万一起义失败，也没人会责怪你。"陈婴本来就是个安贫乐道的人，现在又听了母亲的这番话，便下定决心不称王，他对部下说："我这个人才疏学浅，也没什么声望，不便称王。如今起义的项梁是楚将项燕的后代，很有声望，将来率兵灭秦的一定非他莫属，所以我决定带大家去投奔他，你们意下如何呢？"将士们听陈婴说得有理，就都听从了他的建议。这时，正好项梁率兵过江，陈婴便率众归顺了他。

按照陈母的建议，陈婴虽然无法成就开国建制的伟业，但是至少可以在乱世之中保全自己。夺取天下固然需要大智大勇，但抗拒权力的诱惑，做出谨慎明智的决定，也是一种难得的智慧。设想出身寒微的陈婴若接受称王的建议，肯定会引起一些人的不满和妒忌，进而成为众矢之的。陈婴母子深明此义，得免后来的无穷灾祸。

反应[1]第二

原文

古之大化[2]者，乃与无形俱生。反以观往，复以验来；反以知古，复以知今；反以知彼，复以知己。动静[3]虚实[4]之理，不合来今[5]，反古而求之。事有反而得复者，圣人之意也，不可不察[6]。

注释

①反应：反，通“返”；应，应和。反应，在这里指从对方反馈的信息。

②化：教化指导。大化者是指圣人。

③动静：指移动与静止，“动”与“静”是相对而言的。

④虚实：真伪的意思。

⑤来今：未来与现在。

⑥察，仔细观察研究。

译文

古代以大道教化众生的圣人，总能遵循自然和社会发展的规律。反观以往，可察验未来；反观古代，可洞察今天。反观他人，可了解自己。若对事物动静与虚实的判断，在现在与未来得不到实践，不应怀疑鉴古知今的方法，而应更深入地研究历史，求得符合规律的认识。有些事情要反复探索才能把握，这是圣人的见解，不可不认真研究。

解析

古人云：以铜为鉴，可以正衣冠；以人为鉴，可以明得失；以史为鉴，可以知兴替。在这里，鬼谷子以一个纵横家的视角，阐明了

“反以观往，复以验来；反以知古，复以知今；反以知彼，复以知己”的方法论。

有一则寓言，说狮子、驴子和狐狸决定共同去打猎，它们收获很丰富。狮子要求驴子分配猎物，驴子把猎物平均分成三份，请狮子自己挑选一份。狮子恼怒了，它觉得自己得到的太少了。于是，它突然扑过去把驴子吃掉了。这回，狮子又让狐狸来分配猎物。狐狸把所有的猎物放在一起，请狮子来拿，自己仅留下很少的一点点。狮子问狐狸，是谁教它这样分配的。狐狸回答：“是驴子的不幸。”

“他山之石，可以攻玉”，他人的实践经验可以成为自己的借鉴。生命有涯而知无涯，有限的生命不可能体验所有的事物。直接经验是宝贵的，但却是有限的。人的伟大之处，就在于能借助思维从间接经验中获得智慧。借鉴别人成功的经验和失败的教训，是自己获得智慧的路径之一。

在人的一生中，不可能是一帆风顺的，多少总会有一些坎坷和波折。聪明人经历过波折坎坷之后，“吃一堑长一智”，总能得到一些经验和启示，不会第二次犯同样的错误。但是，在现实生活中，被狗咬过的人又被狗咬，这也不是什么新鲜的事情！被狗咬过，再次看到狗的时候，第一种人采取大呼小叫、拔腿逃跑的办法，结果适得其反，助长了狗的嚣张气焰，再次被狗咬就在所难免；第二种人看见狗来了，只是弯了弯腰，装出从地上拾块砖头的样子，狗马上夹着尾巴溜之大吉了。第一种人曾经付出过代价，但他没有从付出的代价中得到什么启示和有益的东西。而第二种人则从第一次被狗咬的经历中吸取了教训，完善了自己，避免了再次被狗咬到。

曾经付出的代价，是人生的一笔宝贵财富，珍惜它们，会让我们的人生之路越走越宽，越走越顺。

原文

人言者，动也；己默者，静也。因其言，听其辞①。言有不合②者，反而求③之，其应④必出。言有象⑤，事有比⑥。其有象比，以观其次。象者象其事，比者比其辞也。

注释

①辞：言词。

②合：合理。

③求：追求、诘难。
④应：答应。
⑤象：法象、仿效形象和原形。
⑥比：比较。指按照形象进行比较。

译文

让别人说话，使其处于动态之中；我沉默不言，是处于静态之中。要根据别人的言谈来听他的辞意。如果发现对方言辞有矛盾，不合乎实情，要反复地追问、诘难他，从对方的答辞中，其应对之辞就要出现，可以进一步了解他。语言有可以模拟的形态，事物有可以类比的规范。既有“象”和“比”存在，就可以预见其下一步的言行。所谓“象”，就是模仿事物，所谓“比”，就是类比言辞。

解析

鬼谷子教导我们，要耐心倾听别人说话，如果别人话里有话，要搞清楚隐含的意思。同时要抓住机会提问，从对方的回答中了解真情。

对一个聪明人来说，空话、大话是不起作用的。即使别人说得天花乱坠，我们也要保持理智，绝不轻信。有时，可以通过有效的诘难，了解事情的真相。轮到自己说话的时候，则尽量做到简洁有力，最好带有生动的形象。

有一则寓言，说一只从潮湿的洼地里蹦出来的青蛙，对所有的野兽宣称：“我是一个医生，医术高明、见多识广，什么病都能治好！”野兽听了都非常高兴。只有一只狐狸疑惑地问到：“你连自己的跛足和皱皮都没有办法，怎么还说能给别人治病呢？”青蛙听后无言以对，气得呱呱直叫。

原文

以无形求有声，其钓语①合事，得人实也。其张网②而取兽也，多张其会③而司之。道合其事，彼自出之，此钓人之网也。常持其网驱之，其言无比④，乃为之变⑤，以象动之，以报其心，见其情，随而牧之⑥。己反往，彼复来，言有象比，因而定基。重之袭之，反之复之，万事不失其辞，圣人所诱愚智⑦，事皆不疑。

注释

①钓语：像钓鱼投饵一样，在发言时给对方以诱饵，以便引出对方的话头。

②张网：是捕兔子等野兽的网。网是捕鱼等水产品的网。

③会：会合，聚会。

④比：可比的规范。指言辞无可比较。

⑤乃为之变：于是就为此改变方向。

⑥牧之：在此与“察”同义。就是进行调查加以阐明。

⑦愚智：愚者和智者。

译文

要用巧妙无形的方法引诱对方说话，引诱对方说出的言辞，如果与事实相一致，就可以刺探到对方的实情。以张网逮兽为例：若多张置一些网，并加以密切关注，就能多捕获一些野兽。这个方法用于人事上，只要方案合宜，对方自然会被你网住，这就是钓人的“网”。经常拿着这张“网”与人周旋，可使对方向你推心置腹。

如果你用的比喻对方不明白，就要改变方法，用形象来打动对方，使其暴露出实情，从而加以控制。若能你一言我一语地进行交流，且双方言辞均有形象、比喻，这就有了沟通的基础。若双方言语投机，你来我往，则世间万物没有说不清楚的。无论对方是愚人还是智者，圣人都有办法诱使他说出真情。这些不必再怀疑。

解析

俗话说“人心隔肚皮”，你怎么保证别人跟你说的都是真话呢？鬼谷子认为，要想让别人说真话就必须善于“钓语”，就像拿饵钓鱼一样，把别人的真话钓出来。还要像张网捕兽一样，让别人无处躲藏，只有据实相告。熟练使用这些技巧，就不难听到真话。

需要说明的是，鬼谷子用“钓人之网”这样的字眼，难免会引起后人的猜疑，以为这位“智圣”在鼓励行奸使诈的行为。其实这是一种误解。所谓的“钓人之网”，我们可以把它理解为一种交际之法。在深入了解对方心理的基础上，通过言辞或其他方式的引诱，获得对方真实的信息。在当今社会生活的许多方面，这种方法都大有用武之地。

原文

古善反听者，乃变鬼神[1]以得其情。其变当也，而牧之审也。牧之不审，得情不明；得情不明，定基不审。变象比，必有反辞，以还听之。欲闻其声反默，欲张反敛[2]，欲高反下，欲取反与。欲开情[3]者，象[4]而比之，以牧其辞，同声相呼，实理同归。或因此，或因彼[5]，或以事上，或以牧下[6]。此听真伪、知同异，得其情诈[7]也。动作言默，与此出入，喜怒由此以见其式[8]，皆以先定为之法则。以反求复，观其所托[9]。

注释

①鬼神：鬼，隐密不测。鬼神是指死者的灵魂和山川的神明。

②敛：收敛。

③开情：情，感情、情绪。这里是说敞开心灵的大门。

④象：模仿。比，类比。用象比的方法把握对方的言辞。

⑤或因此或因彼：因，原因。此，这里。彼，那里。或这个原因，或那个原因。

⑥或以事上，或以牧下：事，侍奉。牧，统治人民。全句的意思是说或用来侍奉君主，或用来观察民情。

⑦情诈：真情和虚伪。

⑧式：定式，模式。

⑨观其所托：托，寄托。观察其所寄托之处。

译文

古代凡是善于从反面听人言论者，为了能刺探到实情，总是像鬼神一样多变。他们随机应变很得当，也能驾驭住对方。若驾驭不住对方，得到的信息就不明了。信息不明了，心里底数就不全面。

言谈中，若能灵活运用形象、类比之法，说反话刺激对方，通过观察对方的反应，即可探测到实情。想要听对方讲话，我应保持沉默；想要对方敞开心扉，我应暂且收敛；想要使对方高傲起来，我应表现得谦恭一些；想要从对方获取什么，我就要先给予点什么。如果想了解对方的内情，可用象形和比喻的方法，以便把握对方的言辞。

同类的声音可引起共鸣，合乎实际的道理会有共同的结果。或者由于这个原因，或者由于那个原因，或以共鸣法来侍奉上司，或以共鸣法来管理下属。

这也是分辨真伪、了解异同，以分辨对手是真情还是诡诈的有效方法。无论是动作、言说或沉默，以及为探测实情而表现出来的喜怒哀乐，都要事先设计，确定法则。总之，要以反听法求得对方的回应，以此判断对方的心理寄托。

解析

所谓“反其道而行之”，是利用一种非常规的思维，指导自己的言谈和行动。比如，在言谈中说反话刺激对方，观察对方的反应，从中得知真情。在做事情时，走一走与目标相反的道路，就像鬼谷子说的“欲闻其声反默，欲张反敛，欲高反下，欲取反与”，往往能够收到良好的效果。

在这里，鬼谷子阐述了迅速俘获人心的基本原则，即说话要声情并茂，善于借助象形、比喻的修辞方法，引起对方内心的共鸣。这样，才更容易了解对方的真心，以决定下一步的行动。

言辞能引起对方内心的共鸣，这才是游说的一种极高境界。而只有达到这种境界的人，才有可能完成不可能完成的任务，达到不战而屈人之兵的游说效果。

原文

故用此者，己欲平静，以听其辞，察其事，论万物，别雄雌①。虽非其事，见微②知类③。若探④人而居其内，量其能射其意⑤也。符应⑥不失，如蛇之所指，若羿⑦之引矢。

注释

①雄雌：这里代指真伪。

②微：微小。

③类：种类。

④探：侦察，打听。

⑤射其意：此处指如弓之发矢，准确猜中对方意图。

⑥符应：验合符契。

⑦羿：神话传说中的神射手。

译文

听取对方的言辞，首先自己要平和冷静，不带个人情绪和偏见，考察事理，论说万物，辨别真伪。了解他人，虽然未获得全部信息，但可以根据细微的迹象，预见到其发展的趋势。就像刺探敌情而深居敌境一般，要首先估计敌人的能力，其次再摸清敌人的意图，像验合符契一样可靠，像蛇一样迅速，像后羿张弓射箭一样准确。

解析

鬼谷子告诉我们，急躁是人生的大敌。急躁之人急于求成，说话、做事前没有制定周密的计划，结果往往欲速而不达。

急躁之人往往容易灰心，当事情遭到挫折时，他们往往不能冷静地分析原因，而是带着更加急躁的情绪，不冷静地进行下一步的活动；急躁之人容易树敌，因为，他在处理与他人的矛盾时，有时会没有理智，爱发脾气。一个人如此行事，往往不会得到令人满意的结果，时间长了，他对自己的信心就会丧失。

一个有涵养的人能立即控制情绪，迅速对所发生的事情进行分析并采取正确的对策。具备了这种素质的人，方能做出大的事业来。

有一个“狼子野心”的故事，说的是春秋时期，楚国有两个大官，一个叫子文，一个叫子良。子文的儿子叫子扬，子良的儿子叫子越。子越小的时候，子文对子良说：“这孩子狼子野心，会给我们家族带来灾难。”子良听了很不高兴。子文回到家，对家人说：“子越如果当了大官，你们一定要尽早离开楚国，千万不要亲近他。”子文死后，子扬和子越也都当了大官。子扬没有听从父亲的告诫，继续留在楚国。子越逐渐暴露出他的野心，他忌恨子扬的官位比自己大，于是暗中派人杀了子扬。后来，子越领兵反叛楚王，结果被楚王的大军打败，他的家族也因此受到牵连。

子文能从子越小的时候，就发现他“狼子野心”，听起来十分玄乎。但俗话说得好，“三岁看八十”。一个人成年后会成为什么样子，从小就能看出一点苗头，只是一般人都没有用心去察觉罢了。

商纣王是古代有名的暴君，但在他即位初期，还没有表现出过分的贪欲和残暴。有一次，他命工匠用象牙为他制作筷子，他的叔父箕子劝阻他说：“吃饭用普通的筷子就可以了，为什么要用昂贵的象牙筷子呢？你用上象牙筷子后，一定不会满意普通的杯盘，而必然会换成精美的玉器。餐具一旦变成这些东西，你就一定不会再吃普通的菜肴，而要每顿都享用山珍美味。紧接着，你一定不会再穿粗布缝制的衣裳，住在低矮潮湿的茅屋里，而必然会穿上绫罗绸缎，住进高大的宫殿里。您虽然贵为天子，也不应过度享受。”纣王没有听他的话。后来，事情的发展果然如箕子所料。仅仅过了几年，纣王就变得穷奢极欲，把国家搞得乱七八糟，最终被周武王灭掉了。

从一双象牙筷子的奢侈开始，商纣王毁掉了商朝数百年的基业。而箕子能从一双象牙筷子就预见纣王的堕落，确实是很有见地的。

原文

故知①之始己，自知而后知人也。其相知也，若比目之鱼②。其伺言也③，若声之与响；其见形也，若光之与影。其察言也，不失若磁石之取针，舌之取燔骨④。其与人也微，其见情也疾⑤。如阴与阳，如阳与阴；如圆与方，如方与圆。未见形圆以道之，既见形方以事之。进退左右，以是司之。己不先定，牧人不正⑥，事用不巧，是谓“忘情失道”；己审先定以牧人，策而无形容⑦，莫见其门，是谓“天神”。

注释

①知：知道，了解。

②比目之鱼：只有一只眼睛的鱼，经常是两鱼协同并游。

③伺：守候。

④燔（fán）骨：燃烧骨头上所带的肉。

⑤疾：迅速。

⑥牧，统驭。

⑦形容：形态、形象、容貌。

译文

要想掌握情况，要先从自己开始，只有先了解自己，才有可能了解别人。了解别人，应如同比目鱼那样形影相随；守候对方发言，应如同发声之后等待回音那样；掌握对方的情况，应如同阳光与影子那样；侦察对方的言辞，应如同用磁石吸铁针、用舌头品尝烧烤那样万无一失。

通过言语等方式刺激对方时，自己暴露给对方的微乎其微，而侦察对手的行动十分迅速。这就如同由阴变阳、由阳转阴，又如同由圆变方、由方转圆一样自如。它们互为条件，相辅相成。在未弄清对方情况以前，我应以防御性的策略来诱惑对手，以化解对方的进攻；弄清对方情况以后，我应以进攻性的方略对之，以求战胜对方。无论是前进或后退，左移或右动，都可用上述圆方之道来控制。

如果自己不事先确定策略，统帅别人也无法步调一致。做事没有技巧，叫做“忘情失道”，自己首先确定斗争策略，再以此来统领众人，策略要不暴露意图，让旁人看不到其门道所在，这才可以称为“天神”。

解析

历史上，赵括和马谡都是无自知之明、不自量力的典型。他们本身属于那种会动脑，但缺乏实践经验不会动手的人，如果只是在军营中做一个参谋，为主帅出谋划策，或许还能发挥他们的才干。要不然，他们可以利用一些小战斗逐渐培养实战经验，待经验丰富之后，将理论与实践一结合，没准也能成为一代良将。可惜，他们在还不具备将帅之才的时候，便硬着头皮肩负起重要的军事任务。马谡出征前甚至立下了军令状，诸葛亮曾叮嘱他：要在平地上扎营，阻击魏军。可马谡却自恃聪明，硬要在山上屯兵。结果被魏兵围困，导致大败，丢失街亭，掉了脑袋。不了解自己的真正水平，冒险而为，历史上和现实中许多惨痛的悲剧和沉重的代价就是这样造成的。

古语说“见贤而思齐”，这本是值得提倡的一种美德，可是这个“思齐”也要有个度。想必大家都听过“东施效颦”的故事。越国美女西施有闭月羞花之貌，举止大方，衣着朴素，略施粉黛，美不可言。就连胸疼时捂着胸口的动作，都变成了一种无法言说的柔弱美。东施一味效仿，却不知道西施到底美在哪里，效颦就变成了做作，换来了大家的耻笑。模仿美好的东西并没有错，但在效仿的时候不仅要知其然，还要知其所以然，得其要领才是关键。而要得其要领，首先就要有“自知之明”。

比起知人来，自知更难做到，就像眼睛看不到睫毛，自己的缺点自己很难看见。因为还有虚荣心在作祟，使人不愿意看到自己的缺点。汉武帝的时候，有一个叫戴圣的官员，他学问渊博，名重一时。但他处理政务不遵法令，造成许多冤案错案。一个叫何武的官员向朝廷揭发了戴圣的过失。不久，朝廷免了戴圣的官职。戴圣很生气，认为何武是在有意陷害自己，他一有机会就在别人面前说何武的坏话。何武知道后只是一笑了之。有一次，戴圣的儿子犯了罪，被抓获后押到官府听候处理，而主审官正是何武。戴圣认定何武会将他儿子置于死地，整天茶饭不思。可是，何武公正判决，并没有判处死刑。这时，戴圣开始反省自己的过错，才发现自己以前确实有很多不是。于是，他到何武家去认错，两人从此成为好朋友。

戴圣学问好，知天、知地、知人，唯独缺乏自知，在何武的感染下，他深刻反省己过，终于补上了人生的重要一课，避免犯下更大的过错。

我们都熟悉孙子“知己知彼，百战不殆”这句名言。而鬼谷子在这里提出的“知之始己，自知而后知人”，也含有“知己知彼”的要求。不过，他更强调自知，把自知作为知人的前提，这是很有见地的。自知之明，确实是人生中的一种重要品质。

并且，鬼谷子在这里阐述了处世的圆方之道。无论是防御性的圆略，还是进攻性的方略，都要根据具体情况，把握好分寸。这样就能达到进退自如的效果，否则就可能处处受困。

学习圆方之略，需要解决的一个重要问题是如何对待别人的错误。倘若别人无意中犯了错误，违背了你的心愿，打乱了你的计划。这时，你的第一反应可能是气愤，接下来可能会大发雷霆。很多人都会如此。然而这样做也根本于事无补，其结果往往是加剧了对方的恐惧，事情也会越来越糟。其实，如果能够忍住一时的怒火，反过来宽容别人，结局就会不同。

内揵[1]第三

原文

君臣上下之事，有远而亲，近而疏，就[2]之不用，去[3]之反求。日进前而不御[4]，遥闻声而相思。事皆有内揵，素结本始[5]。或结以道德，或结以党友，或结以财货，或结以采色[6]。用其意，欲入则入，欲出则出，欲亲则亲，欲疏则疏，欲就则就，欲去则去，欲求则求，欲思则思。若蚨母之从子也，出无间，入无朕，独往独来，莫之能止。内者，进说辞也，揵者，揵所谋[7]也。欲说者，务隐度[8]；计事者，务循顺[9]。

注释

①内揵（qiān）：内，这里指采纳意见；揵，通楗，本义为门闩，这里指进献计谋。

②就：靠近、趋近。

③去：离开。

④御：驾驭马车，这里引申为“使用”；遥闻声，听到很遥远的地方声音。

⑤素结本始：素，平常。本始，本源。意思是把平常与本源相连结。

⑥采色：这里指艺术和娱乐。

⑦揵所谋：进献计谋。

⑧隐度：暗中揣测、估量。

⑨循顺：沿着顺畅的途径，遵循固有规律。

译文

君臣上下之间的事情，有的距离远却很亲近，有的距离近却很疏远；有的在身边却不录用，有的离任反去聘请。有的天天在君主身边却不被信任，有的只是闻其名声却思慕不已。

这种种微妙关系的出现，都是因为采纳和建议的缘故。采纳和建议一开始就将君臣从根本上结合到一起。或凭道德相结合，或依朋党相结合，或以钱物相结合，或靠艺术相结合。臣下若揣准君主的心思，就能取得主动：想进来就进来，想出去就出去；想亲近就亲近，想疏远就疏远；想接近就接近，想离去就离去；想求取的就能得到，想让君主思念就能如愿。

就好像母蜘蛛率领小蜘蛛一样，出来时不留洞痕，进去时不留标记，独自前往，独自返回，谁也没法阻止它。

所谓“内”就是采纳意见；所谓“揵”就是进献计谋。在向君主进献说辞之前，务必暗自揣度君主的心思。在向君主谋划事情之前，也务必要循顺君主的意志。暗中分析是可是否，透彻辨明所得所失，以便影响君主的意向。

解析

俗话说：“良药苦口利于病，忠言逆耳利于行”。这话虽然很有道理。但是，难道良药就一定苦口，忠言就一定逆耳了吗？在鬼谷子看来，向居上位者进忠言之前，要先摸清楚他的想法，然后顺着他的心思去说，这样就能在避免犯上的同时，还能使他愉快地接受你的观点。

战国时，齐威王整天在宫中饮酒作乐，不理朝政。淳于髡知道齐威王爱听隐语，就进宫去对他说：“国中有只大鸟，栖息在王官里已经三年了，可是它从来没有飞过一次，也没有叫过一声，大王您猜猜看，这是一种什么鸟？”

齐威王笑了笑说：“这可不是一只平凡的鸟呀！它不飞也就罢了，一旦飞起来，就会直冲云天；它不叫也就算了，一旦大叫一声，天下的人都会大吃一惊。先生您先回去吧！我明白了。”从此，齐威王就像换了个人似的，开始勤勉治理国家。在齐威王执政的 37 年中，齐国始终是一个强国。淳于髡没有直接批评齐威王不理朝政的行为，而是借大鸟的不飞不鸣为喻，在委婉批评的同时，也是一种间接的勉励。其结果，齐威王一下子振作起来，果然“一鸣惊人”了。

原文

阴虑可否，明言得失，以御[1]其志。方[2]来应时，以合其谋。详思来揵，往应适当也。夫内有不合者，不可施行也。乃揣切时宜，从便所为，以求其变。以变求内者，若管[3]取揵。言往来，先顺辞也。善变者，审知地势，乃通于天，以化四时使鬼神合于阴阳而牧人民，见其谋事，知其志意。事有不合者，有所未知也。合而不结者，阳亲而阴疏。事有不合者，圣人不为谋也。

注释

①御：驾驭，把握。
②方：方法，道术。
③管：门管。

译文

向君主进谋献策，要暗自忖度是否可行，然后为其详尽分析得失，以驾驭君主之意。在进说时要随机应变，合乎君主的想法。若君主向我询问，必须做出适当的回答。凡是内情有不合时宜的，就不可以实行。此时，应揣摩君主之心，顺势而为，以待君主自己改变看法。内揵中的随机应变，如同以门管来接纳门楗一样顺当。

与君主交谈时，凡谈及以往的事，应顺着君主的言辞说；凡谈及未来的事，可以与君主有不同意见。内揵时善于随机应变者，总是能审察地势，通晓天时，遵循四时变化规律，驾驭鬼神，合于阴阳之道。他治下的百姓，都能够安居乐业。只要看君主的做事方式，就可判断出其志向和意愿。如果你的计谋不合君主之意，说明你对他的了解还不透彻。如果你的计谋合乎君主之意，却没有任何结果，那么你应表面上亲近，而暗中与之疏远。君臣之间若不能情投意合，圣人不会为他出谋划策。

解析

鬼谷子认为，一个经常与居上位者接触的人，一言一行都势必要小心谨慎，以免出错。但是这样还不够，还必须要头脑灵活。在应付突然事件时，要有随机应变的能力。

事实上，凡居上位者都带有一定的傲气和霸气，有人将其形容为老虎的屁股——摸不得。但话说回来：智者千虑，必有一失。若不慎触怒了居上位者，真摸了老虎的屁股，就该设法予以补救。这需要智慧，而且是“急智”。

若自己不被居上位者看好，甚至遭到怀疑和处罚。这个时候怎么办？是据理力争，还是忍气吞声？这，似乎不能一概而论，但一般情况下，都是需要有“忍”的功夫的。先不要急于为自己辩解，而是让自己冷静下来，再想对策。

原文

故远而亲者，有阴德①也；近而疏者，志不合也；就而不用者，策不得也；去而反求者，事中来也；日进前而不御者，施不合也；遥闻声而相思者，合于谋待决事②也。故曰：“不见其类③而为之者见逆④，不得其情而说之者见非⑤。得其情，乃制其术⑥。此用可出可入，可揵可开。”故圣人立事⑦，以此先知而揵万物。

注释

①阴德：心意暗合。
②决事：谋大事，指参与决断国家大事。
③类：类似，共同点。
④见逆：违逆，与愿望相背反。
⑤见非：遭到非议。
⑥术：技能、手段方法等。
⑦立事：建立事业。

译文

所以说，与君主距离很远却被亲近，是因为能与君主心意暗合；与君主距离很近却被疏远，是因为与君主志向不合；就职上任而不被重用的人，是因为所献计策不被君主欣赏；离去之后反受聘用，是因为其主张的正确性被事实所证明；每天都在君主面前而不被信任，是因为行为举止不合君意；相隔遥远却被思念，是因为其主张与君主相合，正等他参加决断大事，急需此人参与决断。

所以说，没有搞清对方是哪类人就去盲目游说，必然事与愿违；

在未掌握实情的时候盲目游说，也定然遭到否定。只有了解情况，再依据实际情况确定方法，这样去推行自己的主张，就可以出去，又可以进来；既可以进谏君主，坚持己见，又可以放弃自己的主张，随机应变。

解析

我们平时说话、办事，怎样才能达到预期的效果呢？鬼谷子认为，要“得其情，乃制其术”，就是说，必须通过调查研究，掌握实情，然后根据实情锁定目标，采取行动。这就是俗语所说的“有的放矢”。如果在掌握实情之前就盲目行动，必然遭遇失败。

有一只狐狸，不小心掉进井里，爬不出来了。正好一只山羊口渴了，来到井边。它发现了狐狸，便问：“狐狸，井水好喝吗？”狐狸说：“这井水清澈甘甜，你赶紧跳下来，咱们一起喝吧。”山羊相信了狐狸的话，“扑通”跳了下来。

当它喝完水后，才发现上不去了。狐狸对他说：“我有个好办法。你用前脚扒在井墙上，我踩着你跳上井去，再拉你出来，我们就都得救了。”山羊同意了。狐狸跳出井口以后，就不再管山羊了。山羊生气地骂狐狸不守信用。狐狸对井下的山羊说：“喂，伙计，如果你的头脑和你的胡须一样完美，就决不会在没想到上来的办法前就跳下去。”

一个事先不经过调查研究就盲目行动的人，就像那只被狐狸骗得团团转的愚蠢的山羊一样，将会处处受困。与此相反，一个聪明人在行动之前就会把情况调查清楚，并预见到事情的结果。

原文

由夫道德、仁义、礼乐、忠信、计谋，先取①《诗》《书》，混说损益，议论去就。欲合②者，用内，欲去者，用外。外内者必明道数，揣策③来事，见疑决之，策无失计，立功建德。治民入产业④，曰“揵而内合”。上暗⑤不治，下乱⑥不悟，揵而反之。内自得⑦，而外不留⑧说而飞⑨之。若命自来己，迎而御之⑩；若欲去之，因危与之，环转因化，莫知所为，退为大仪。

注释

①取：引用、借鉴。

②合：与离相对。指根据想法，来运用力量。

③揣策：推理判断

④产业：产，谋生，财产；业，事情，经营功绩。

⑤暗：昏暗。

⑥乱：昏乱，糊涂。

⑦自得：自以为自己聪明，得计。

⑧不留：不接受他人的主张。

⑨飞：表扬。

⑩若命自来已，迎而御之：命，召令；自来，指君主有令召来。御：防御、抵制，这里是指拒不接受。

译文

凡是道德、仁义、忠信、礼乐、计谋这类重要问题，首先要借鉴《诗经》《尚书》的教诲，综合分析利弊得失，最后决定是去还是留。若想留下与人合作，就要把力量用在内部；若想离职而去，就要把力量用在外面。在内与外之间抉择时，必须先明确形势与方法，会预测未来的发展，并善于在各种疑难处当机立断。如果你在运用策略时没有失算，因而受到重用，则可立功建德，治理百姓使之安居乐业，这叫做“巩固内部团结”。

如果上层昏庸不理国家政务，下层纷乱不明为臣事理，各执己见，事事抵触，还自鸣得意；不接受外面的新思想，还自吹自擂。在这种情况下，如果朝廷诏命自己，虽然也要迎接，但又要拒绝。要拒绝对方的诏命，要设法给人一种错觉。就像圆环旋转往复一样，使旁人看不出您想要干什么。在这种情况下，急流勇退是最好的办法。

解析

儒家把“忠”作为人臣的第一信条，我们今天则把“忠”分成忠烈和愚忠。鬼谷子显然是反对愚忠的。他认为，遇到“上暗不治，下乱不寤”的情形，就要“反”；自己不被重视，就要“飞”。这一“反”、一“飞”，充分表明鬼谷子对“明珠暗投”持激烈的批判态度。

英雄一旦找到了用武之地，就要积极进取，建功立业。然而世事难料，到了需要放手的时候，就要果断放手，不可存在非分之想，痴迷于权力或富贵，应急流勇退，以免引起灾祸。

从古至今，非分之想最主要的表现是“贪”。李崇和王元融都是北魏的高官。一次他们随太后视察左藏库，太后下令赐随行人员布匹且让他们自己挑选。李、王二人惟恐拿得少，结果由于背得太重，一个闪坏了腰，一个摔断了腿。爱贪小利使得他们成为了千古笑柄。

在当今的商业社会里，看到别人赚钱，自己也想发财，这是正常的现象。见到利益，每个人都想得到多些，而且嫌少不嫌多，这是人们共同的心理。但是君子爱财，取之有道，人切不可有贪心。居家过日子的人如果过于贪，他就很难开心起来；身为官员，如果有了贪的习惯，那么他的政治前途将会丧失；生意场中，一个人如果太过贪心，那么他很快就会败下阵来，身处孤立的境地。

因此，一个人务必要忍住自己的贪心。在如今这个物欲横流的社会，学会克制自己的非分之想，是我们每个人都应掌握的本领。

古代有一则寓言：从前，海边住着一个人，他非常喜欢海鸥。每天一大早，他就来到海边，跟海鸥一起玩耍嬉戏。时间一长，他跟海鸥成了朋友。每天，只要他一出现，成群的海鸥就接连不断地向他飞来，有些还停在他的肩头，和他非常亲热。有一天，这个人的父亲对他说："听说海鸥都不怕你，喜欢跟你一块玩耍，明天，你捉一只回来，给我解解闷吧！"那人不敢违抗父亲的命令，只好答应下来。第二天一早，这个人又来到海边，他等着海鸥落在他的肩头，好抓上一只带给父亲。可是，奇怪的是，海鸥们只在他的头顶上飞翔，再也不肯落下来跟他一块玩了。这个人在海边呆了半天，一只海鸥也没有抓到。一个存有非分之想的人，自然容易产生急躁的心理，连鸟儿都蒙骗不了。

可以说，非分之想是人性的致命弱点，如果不常加以祛除，听之任之，势必会给事业、生活造成不应有的损失，也会葬送个人的前程。

有一个懒汉，跟邻居去学钓鱼。到了河边，懒汉放下诱饵，头脑里便开始想入非非："要是这次我钓上了一条金鱼多好，金鱼又生很多小金鱼，我拿到市场上去换来很多银两，然后我不用干活，我去买洋房，还有我要娶三个老婆……"懒汉这样想着，不时地做着钓上鱼的动作，可惜，鱼竿一点动静都没有，只是在他的行动下泛起了涟漪。没过一会儿，邻居钓上了一条一尺来长的大草鱼，懒汉心生妒意，把鱼竿一甩，去向邻居请教钓鱼的经验："我们是一样的诱饵，同样的河流，为什么我钓不上鱼而你却能呢?"邻居笑着说："我能钓上鱼儿因为我头脑里有目标，所以我心静如水地等鱼儿上钩，你钓不上是因为你头脑里只有钓鱼的愿望，反而心浮气躁。"

做事情时要保持专注，要有耐心。不要存有非分之想，否则能钓到的鱼儿也不会上钩，能做到的事情也会变得很艰难。

抵巇①第四

原文

物有自然，事有合离②。有近而不可见，远而可知。近而不可见者，不察其辞也；远而可知者，反往③以验来④也。

注释

①抵巇（xī）：抵，抵塞；巇，缝隙。抵巇，在这里指弥补不足、堵塞漏洞。

②物有自然，事有合离：物，天地间的一切事物；自然，非人所为的，天然的；合离，聚合与分离。

③往：既往，过去。

④来：将来的意思。

译文

万物都有自然发展的规律，万事都有对立的两个方面。有时彼此距离很近，却互相不了解；有时互相距离很远，却彼此熟悉。；在近前的所以看不见，是因为没有互相考察言辞，不明对方的虚实；在远处的所以能得知，是因为经常往来，互相体察。

解析

有个富家子弟特别爱吃饺子，每天都要吃。但他只吃馅，吃完了就将饺子皮丢到屋子后面的小河里。好景不长，在他十六岁那年，一把大火烧了他的家，父母也相继病逝。这下子他身无分文，又不好意思要饭。邻居家大嫂是个好人，每顿送给他一碗面糊糊吃。他则洗心革面，发奋读书，发誓三年后考取官位回来，好好感谢大嫂。三年后，他果真中了魁，做了官，于是就衣锦还乡去见大嫂。大嫂什么礼物也不愿意接受，而是对他说：“你不要感谢我。我没给你什么，三年来你吃的饭都是当年你丢下的饺子皮，我收集晒干后装了好几麻袋。本来是想备不时之需的，正好你有需要，就还给你了。”大官愣住了，继而思考良久……

世间万物都是由小到大发展变化而来的，都有一个由量的积累到质的变化的过程，一个人的本性是善的，可是如果不注意修养自身，日后也可能逐渐地变坏。这就是“勿以善小而不为，勿以恶小而为之”的道理。

周武王灭掉商朝，做了天子以后，远方的西戎国派使臣送来一条大狗。这条狗是西戎的特产，非常名贵，武王高兴地收下了。召公担心武王贪图享受，就劝谏他。武王觉得不过是收下一条狗，没什么大不了的。召公说：“贤明的君主应该给百官做出表率，随时注意积累自己的德行，哪怕是小细节也应该注意。大德是由小德积累而来的，就好像用土去堆一座很高的山。山很快就要堆成了，只差一筐土的高度。如果这时你停止了，就不能成功，这不是太可惜了吗？您是一个贤明的君主，可不能犯这种错误啊！”武王听了召公的劝告，就专心治理朝政，最终成为一位贤明的君主。

鬼谷子说得好：“有近而不可见，远而可知”。为什么在近处的反而看不见呢？因为近处的东西太平常了。同样的道理，我们生活中有很多事情不被重视，因为它们太小了。但是有句古话说：“不积跬步，无以致千里”，对于想干大事的人，就怎么能轻视小节呢？

俗话说“千里之堤，溃于蚁穴”，垃圾堆里的一点火星，可以把一座宫殿烧成灰烬。“一子落错，满盘皆输”。你站在高处，身上任何一个微小的弱点都可能成为敌人集中火力攻击的目标。

一个人能不能干成大事，有很多种检测的方法，但最简单的一种，就是看他在处理小事时的态度和做法。

原文

巇(xī)者，罅也。罅[1]者，涧也，涧者，成大隙也。巇始有朕，可抵而塞，可抵而却，可抵而息，可抵而匿，可抵而得，此谓抵巇之理也。事之危也，圣人知之，独保其用。因化[2]说事，通达计谋，以识细微，经起秋毫之末[3]，挥之于太山[4]之本。其施外，兆萌芽蘖[5]之谋，皆由抵巇。抵巇隙，为道术。

注释

①罅（xià）：裂痕，间隙。

②因化：顺应变化。

③秋毫之末：指秋季所生出的动物细毛。

④太山：也作泰山，是壮观又宏大的名山。

⑤兆萌芽蘖：兆萌是微小的征候，芽蘖是伐木后从根部所生的新芽。

译文

所谓“巇”就是小的缝隙，巇发展之后变成“罅”，罅发展之后变成“涧”，涧发展以后变成“大隙”。当小的缝隙刚出现时，常带有某种预兆，此时就应设法加以堵塞，使其变小，或者不再扩展，或者消失，如果仍不可治，就设置使之转化，弃旧图新。这就是“抵巇”的原理。

当危机朕兆出现时，圣人就敏锐地察知到了，他们总是密切注意危机的征兆，利用事物变化的原理进行具体分析，提出计谋，以便进一步认识观察对手的细微举动。万事万物在开始时都像秋毫之末一样微小，一旦发展起来就像泰山的根基一样宏大。当圣人将行政向外推行时，奸佞小人的一切阴谋诡计，都会被排斥，可见抵巇原来是一种方法。

解析

在这里，鬼谷子分析了古代圣贤应付社会危机的办法，概括来说，就是“防微杜渐”四字。在危机刚刚露出苗头的时候，圣贤们就能找到解决的办法。

《周易》中说：“君子藏器于身，待时而动。”我们一旦觉察到隐患随时可能萌生，就要用“器”将它斩杀于摇篮之中，做到防微杜渐。这，便是鬼谷子抵巇之术的精髓。当危机刚出现苗头的时候，智者就能敏锐地察知，而愚者还蒙在鼓里，往往对智者的忠告不屑一顾。古代圣贤明君能把国家治理得很好，就因为他们能及时发现问题，在危机还处于萌芽状态的时候就加以消除。

反过来，那些亡国之君，像秦二世、隋炀帝之流，则对天大的危机视而不见，最终使大好江山在自己手里败落。

天下刚刚安定，需要创造一个和平安宁、休养生息的环境。但维护这个和平环境是很不容易的，一旦放松警惕，就难免有沉渣浮起，搅浑一池春水。所以为政者要明白，休养生息不等于“刀枪入库，马放南山”，无事可做了，而更要时刻戒备。危机和危难往往蕴藏于太平盛世、安定祥和之中。而危机和危难的爆发，肯定有其最初的细微诱因和苗头。我们要时刻不忘居安思危，将这些诱因和苗头消灭在萌芽之中，切不可酿成大乱再去处理。

“防微杜渐”这四个字，既适用于国，也适用于家。家庭是社会的细胞，家庭美满、幸福，社会才能稳定、发展，要做治国平天下这样的大事，先要从日常居家小事做起，从一言一行做起。老子说过：“千里之行，始于足下。”若小节不修，言行不信，虽是小事也能酿成大的祸端。所以家要在一开始就立下规矩，不脱离正常的轨道。只有如此才能使家中诸人和睦友爱，这个家族才能兴旺繁盛。

原文

天下分错①，上无明主；公侯无道德，则小人谗贼②；贤人不用，圣人窜匿③；贪利④诈伪者作，君臣相惑，土崩瓦解，而相伐射⑤。父子离散，乖乱反目，是谓“萌芽巇罅”。圣人见萌芽巇罅，则抵之以法。世可以治则抵而塞之，不可治则抵而得⑥之。或抵如此，或抵如彼；或抵反之⑦，或抵覆之⑧。五帝⑨之政，抵而塞之，三王⑩之事，抵而得之。诸侯相抵，不可胜数。当此之时，能抵为右。

注释

①分错：错，混乱、骚乱；分错是四分五裂。

②谗贼：认为是歹徒而进谗言。

③窜匿：逃跑隐匿。

④贪利：贪图利禄。

⑤伐射：互相残杀，激射。

⑥得：取得。

⑦反之：帮助其恢复原状。

⑧覆之：颠覆对手。

⑨五帝：中国古代五位帝王，即黄帝、颛顼、帝喾、尧帝、舜帝。

⑩三王：中国古代三位帝王，即夏禹王、商汤王、周文王。

译文

天下分裂错乱，朝廷没有明君，公侯缺乏道德，小人们就会谗害忠良，贤能之人不被任用，圣人被迫逃匿，贪利伪诈之徒兴风作浪，君臣互相猜疑，君主和大臣之间互相怀疑，君臣关系土崩瓦解，互相征伐，父子离散，骨肉反目，就叫做“轻微的裂痕”。

圣人见到轻微的裂痕之后，就要采取相应的手段加以对付。若世道能够治理，就要采取弥补的“抵”法，继续让它存在下去；若世道不可治，用破坏的“抵”法（彻底把它打破），使之获得新生。

或者这样“抵”，或者那样“抵”；或者通过“抵”使其恢复原状，或者通过“抵”将其重新塑造。例如五帝对当时的社会巇罅，均采取补塞的办法；夏、商、周三王时代，则是采取颠覆办法，取得政权。在这个混乱的时代，诸侯之间的互相征伐，多得数不清。当天下混乱时，谁能善于抵巇，就能占据上风。

解析

鬼谷子是主张积极变革的，他认为，当出现了“天下分错，上无明主，公侯无道德”的现象时，就表明社会出现了问题，需要一场变革来加以整顿。而古代的圣人所进行的变革，都能达到安定社会、造福万民的目的。

变革旧的事物，绝不是什么轻而易举的事情，需要一段时间的准备，才能逐渐被人们理解、接受。古代圣王的变革都是顺天应人、大公至正的，没有什么阴谋可疑之事，就像是老虎身上的斑纹一样昭然可见，天下人看得清清楚楚，无不信从。东汉的马融说“虎变威德，折冲万里，望风而信。”可见“德”是多么重要，任何人在推行变革之时，能够做到德行天下，革道显明，天下人自然会云集响应，这样的变革前景当然美好。

原文

自天地之合离、终始，必有巇隙，不可不察也。察之以捭阖，能用此道，圣人也。圣人者，天地之使[①]也。世[②]无可抵[③]，则深隐[④]而待时；时有可抵，则为之谋。可以上合[⑤]，可以检下[⑥]。能因能循，为天地守神。

注释

①天地之使：天地的代行者。

②世：这里指乱世。

③无可抵：指无可补救。

④隐：隐藏，隐迹。

⑤可以上合：对上层可以合作。

⑥可以检下：对下级可以督促检查。

译文

自天地有离合变化以来，自始至终必有裂痕，为政者不可不察。要发现裂痕，就要用“捭阖之道”，能用此道的就是圣人。所谓圣人，是以挽救天下苍生为己任的人，假如世间没有可“抵”之事时，圣人就隐匿在人民中间，等待时机；一旦世间出现可“抵”之事，就挺身而出，为国家谋划。这些谋划，上可说服君主，下可治理百姓，既依据实际情况，又遵循客观规律，真可谓天地的守护神。

解析

几千年以来，中国的有志之士就在出世与入世的两端徘徊。到底什么时候应该入世，建功立业，造福社会；什么时候又应该出世，藏身山林，韬光养晦？鬼谷子的回答是：“世无可抵，则深隐而待时，世有可抵，则为之谋。”也就是说，社会问题出现了就做事立功，天下太平了就深隐待时。

鬼谷子所说的“深隐而待时”，也并非消极等待，而是要刻苦磨砺自己、约束自己，把自己修炼成济世之才。深隐之时要有“韬”。要时时更新思想，只有如此方可跟上时代的步伐。

反之，如果人不与时俱进，思想保守落后，拒绝接受新思想、新事物，那就要落伍，就要被时代所淘汰。清朝政府就是因为拒绝先进的文化科技，满脑子的老大帝国的陈旧思想，而遭到列强欺侮凌辱的。因此，深隐时也要眼观六路，耳听八方，正所谓“书生不出门，也知天下事”，就等风云齐聚，即可“飞腾六合定坤乾”。

飞钳[1]第五

原文

凡度[2]权[3]量能，所以征远来近。立势而制事，必先察同异之党，别是非之语，见内外之辞，知有无之数，决安危之计，定亲疏之事，然后乃权量[4]之。其有隐括[5]，乃可征，乃可求，乃可用。

注释

①飞钳（qián）：飞，飞扬、褒奖。引申为使人敞开心扉自由言论的方法；钳，本意指夹住，引申为控制，飞钳指先用动听诱人的话套住对方，从其言谈中察知真实意图，最后使对方为我所用或制服对方。

②度：度量，权衡。

③权：权变。

④权量：权衡度量，计算长短轻重。

⑤隐括：隐伏不清之处。

译文

凡是善于度量人之权谋和考量人之才能，就能吸引远近人才为我所用。为统帅者，要造成一种声势，制定事业目标，这是网罗人才的前提。在“立势而制事”的前提下，考察此人与哪些人意见相同，与哪些人意见不一；考察此人对是与非的判断；考察此人对内对外的言辞有什么差别。通过这些可以得知此人的虚实有无。还可以令此人决定事关安危的计谋，考察其设谋决断的能力；还可以问此人与谁亲近和与谁疏远，考察其处理人事关系的能力。最后，把以上情况综合起来加以衡量，就可对此人的综合素质进行大致的判断。最值得重视的，是那些具有“可塑性”的人才。对于可塑之才，可以征召，可以聘用。

解析

为统帅者，必须得到人才的辅佐，才可能成就大业。要得人才，首先要识人才，这就需要有鉴人之术，正如鬼谷子所言，“凡度权量能，所以征远来近”。为统帅者若不能鉴人识人，便是身边人才济济，也会视而不见。

春秋时期，楚国人卞和为国献宝玉，楚厉王与楚武王有眼无珠，卞和一献失左足，再献失右足。幸好贤明的楚文王即位后，主动召卞和进宫，并慧眼识玉，这块宝玉才没有被埋没。楚文王为表彰卞和几次冒死献宝，就将这块宝玉命名为“和氏璧”。

真正有才能潜质的人，往往就像那块“和氏璧”一样，一眼看上去平淡无奇，只有通过有识之士的发现、举荐和精心培养，才能展现出真正的才华和价值。

人们都知道“滥竽充数”这个典故。南郭先生滥竽充数的伎俩之所以能够得逞，其最大的责任不在南郭，而在齐宣王。身为一国之君的齐宣王被南郭的花言巧语所蒙骗，犯了失察的大过。还好南郭先生只是一个在乐队里混饭吃的市井无赖，要是在一个重要组织里面，所谓的“人才”都像南郭这样，其后果将不堪设想。

原文

引钩钳之辞[1]，飞而钳之。钩钳[2]之语，其说辞也，乍同乍异。其不可善者[3]：或先征之，而后重累[4]；或先重以累，而后毁之；或以重累为毁，或以毁为重累。其用[5]，或称财货、琦玮[6]、珠玉、璧帛、采色以事之[7]，或量能[8]立势以钩之，或伺候见涧而钳之，其事用抵巇。

注释

①引钩钳之辞：钩是弯曲金属所作的钩针，比喻引诱他人的言论。

②钩钳：即为引诱和挟持。

③不可善者：即使运用钩钳之法也不能转移的人。

④重累：反复。

⑤其用：准备要采用时。

⑥琦玮（qí wěi）：珍贵宝玉。

⑦以事之：给予试验。

⑧量能：测验，考察才能。

译文

先用话诱使人才说出实情，然后通过褒扬赢得其心，以此来钳住对方。引诱和挟持别人的言论是一种游说辞令，如何使用应根据谈话情况而定，或同或异，没有什么死规矩。对于那些暂时没法笼络的人才，可先把此人征召来，与之联络感情，以便感化之。感化他之后，可激发该人才充分发挥其能量。在助其发挥能量的过程中，再进一步联络感情。联络感情的方式因人而异，有的可赏赐财物、珍贵宝玉、珠宝、白璧和封地笼络他，有的可为展露其才能而创造气氛吸引他，有的可通过观察矛盾的迹象来控制对方，在此过程中要运用抵巇之术。

解析

《世说新语》中记载了一个故事，说一个叫顾荣的高官在洛阳，一次应邀赴宴，发觉端烤肉的人露出很想吃烤肉的神态，就把自己那一份让给了他。同席的人都讥笑顾荣，顾荣说：“哪有成天端着烤肉，却不知道烤肉滋味的道理?”后来顾荣遇上战乱，过江避难，路上每逢遇到危难，总有一个人在身边保护。一问缘由，原来就是受赠烤肉的那个人。

风平浪静的时候，聚集在身边的人，不一定是真正的知己，可能事到临头，这些人就做鸟兽散了。但在危难之时能不离不弃，携手共度难关的人却一定是真正值得珍惜的朋友。所谓“疾风知劲草，日久见人心”，说的就是这个意思。

李元度被曾国藩称为“患难与共”的人，他早期与曾国藩的关系十分密切。曾国藩兵败靖港的时候，曾数次愤而自杀未遂。当时，在他身边“宛转护持，入则欢愉相对，出则雪涕鸣愤”的人就是李元度。后湘军在九江水域大败，损失惨重，曾国藩“愤极，欲策马赴敌而死”，被劝止。在此困难之时，李元度投笔从戎，“护卫水师，保全根本”。在咸丰六年的时候，湘军周凤山的军队在江西樟树镇被太平军击溃，曾国藩部下再无得力陆军，完全依仗李元度率领的平江勇“力撑绝续之交，以待楚援之至”。在曾国藩困守江西这些最为艰难困苦的岁月里，李元度始终不离不弃、倾力辅助。最终帮助他走出了艰难的时期，为以后的东山再起赢得了宝贵的机会。

把人才当作朋友、知己一般对待，使其怀有知遇之感，自然不难赢得人才之心，从而为自己的事业加上一枚重重的砝码，这是古今中外无数成功者的成功秘诀。

通过鉴人之术锁定人才之后，怎样吸引人才为我所用呢？只知鉴才而不能用，岂不成了叶公好龙了吗？在这里，鬼谷子提出了“飞而钳之”的办法，即首先要了解对方，其次要以褒扬的方式俘获其心。

在这里，鬼谷子对如何结交、笼络人才给出了自己的建议，除了利用财物、珠宝、封地等物质进行引诱外，他特别强调的是与人才联络感情、激发人才发挥能量等非物质的方法，这些在今天看来仍然颇具借鉴意义。

欲成大业，人才的重要性是不言而喻的。能收揽人才，并且能驾驭驱使之，那么，就有可能成就大业。若无人才相助，或有人才而不能用者，最后必然成不了大事。汉高祖刘邦在未起事之前不过是一地方小吏，在后人看来甚至还有些好吃懒做、不务正业之嫌。但最后能成为大汉帝国的开国皇帝，非他有不世之才，是因为他有张良、萧何、韩信等一群栋梁之材的辅助。当然，有栋梁之材相助，还要知人善任并驾驭之，如此才能成就大业。

原文

将欲用之于天下，必度权量能，见天时之盛衰，制①地形之广狭，阻险之难易，人民货财之多少，诸侯②之交孰亲孰疏、孰爱孰憎；心意之虑怀，审其意③，知其所好恶，乃就说④其所重，以飞钳之辞钩其所好，乃以钳求之。用之于人，则量智能、权材力、料气势⑤，为之枢机⑥以迎之、随之，以钳和之，以意宜之；此飞钳之缀⑦也。

注释

①制：控制，引伸为掌握、了解。

②诸侯：古代对中央政权所分封各国国君的统称。周朝分公、侯、伯、子、男五等。

③审其意：详细考察他们的思虑和希望。

④说：游说。

⑤气势：气概和声势。

⑥枢机：枢是门轴；机是枢纽。指关键和重点。

⑦飞钳之缀：缀，连结，缀合。这里是说飞钳之术的连带作用。

译文

如果想把自己的才华用之于天下，必须通过比较分析，了解各诸侯的权力和能量。要考察自然和社会以了解天地的盛衰，掌握地形的宽窄和山川的险阻，了解人民财富的多少。要考察各诸侯的交往中谁与谁亲密，谁与谁疏远，谁与谁友好，谁与谁相恶。综合分析以上情况之后，选择自己最佳的投靠对象。要详细考察和分析对方的想法和胸怀，审察其意向，了解其好恶，然后抓住对方最注重的问题游说他，先用“飞”的方法投其所好，说出能使他高兴的话，然后再用“钳”的方法控制他，使他信任你，重用你。如果想为人所用，首先要揣摩对方的智慧和才能，权衡其实力与气势，以此为突破口与对方周旋。如果决定投靠，就应有意识地适应对方，迎合其需求，随和其心意，为其谋划解决关键问题，从而把自己连缀到对方的事业上，这就是“飞钳”之术。

解析

古代的仁人志士，无不希望自己遇到英明之主，好充分发挥自己的才干。所以就有了“良禽择木而栖”、“良臣择主而侍”的俗语。用今天的话来说，就是要找到一个好的平台，得以发挥自己的才能，实现自己人生的抱负。

寓言里说，有个鲁国人草鞋做得很好，他妻子白绸纺得也不错。一次，他想搬到越国去。有人对他说：“如果你到那里一定会变穷的。”这个鲁国人问：“为什么呢?”劝他的人说：“做草鞋是为了给人穿的，但越国人不喜欢穿鞋，习惯光着脚走路；织白绸子是用来做帽子的，但越国人不喜欢戴帽子，喜欢披着长发。如果到越国过日子，你们的长处就用不上了，怎么会不穷呢?”

每个人都有自己的专长，但要发挥它，必须找到合适的地方；如果找错了地方，专长就会变成短处。

同样，我们掌握了某些本领之后，也要用到合适的地方，首先要看整个大环境怎么样，不要像寓言里的鲁国人那样，抱有错误的想法。

熟悉了大环境之后，还要看带头人如何。俗话说得好：“人无头不走，鸟无头不飞”。大到一个国家，小到一个企业、单位，都有带头人在发挥着作用。他们是那里的“灵魂”，是某一群体或事业无可替代的关键人物。如果不幸遇到不智之主，那么前途就很可能黯淡无光。

原文

用于人[1]，则空[2]往而实来，缀而不失，以究其辞。可钳而从，可钳而横；可引而东，可引而西；可引而南，可引而北；可引而反，可引而覆。虽覆，能复，不失其度。

注释

①用于人：用在对人的关系上。

②空：好听的空话。

译文

如果把“飞钳”之术用于他人，可用好听的空话去套出对方的实情，通过这样连续行动，来考究游说的辞令。这样就可以实现合纵，也可以实现连横；可以引而向东，也可以引而向西；可以引而向南，可以引而向北；可以引而返还，也可以引而复去。虽然如此，还是要小心谨慎，不可丧失其节度。

解析

找到了一个好的平台之后，自然希望得到别人的重用。这时，就不能空逞口舌之能，还必须做出实际的业绩来。这就是鬼谷子所说的“空往而实来”的道理。如若不然，就会像诸葛亮舌战群儒时讥讽张昭的那样，“坐议立谈，无人可及；临机应变，百无一能。”那岂不又有“纸上谈兵”之嫌了。

有一则古代寓言，说鲁国有一个人非常喜欢钓鱼。他用名贵香料肉桂做鱼饵，用黄金打造钓鱼钩，整个鱼具还点缀上银丝及碧绿的玉石，垂钓的丝线是翡翠色的。他拿竿的姿势非常标准，选择钓鱼的位置也很正确，但是钓到的鱼却没有多少。

所以，做任何事情，都不能只将注意力单纯放在外在的形式上，而忽视了其实际的效用。同样，为人所用，就要拿出真才实学来，而不能过分追求搭花架子装点门面，这是很难有所收获的。

在社会上打拼的人，难免遇到危难，要格外小心谨慎，同时也要积极进取。不谨慎无以身安，不进取无以脱困。谨慎和进取犹如硬币的两面，任何一面都不可偏废。过分谨慎而不进取，就易变为保守；过分进取而不谨慎，就易变为冒进。保守会逐渐落后，并导致最后衰败；冒进会使根基不稳，并导致倾覆。这两种情况就像孔子说的“过犹不及”一样。

最后，当功名升到一定的程度，就不该再有野心了。如若再升就有犯上的嫌疑，这时就需要妥善处理自己的地位与升进之间的矛盾。此时应该好好经营自己的那份事业，用自己的功劳，铺垫好今后的路，免得自己的基础不牢靠。如果当止不止，很可能会引火烧身。太平天国的东王杨秀清就是因为这样而遭杀身之祸的。

忤合① 第六

原文

凡趋合倍反②，计有适合。化转③环属④，各有形势⑤。反复相求，因事为⑥制。

注释

①忤（wǔ）合：忤，抵触、背逆。合，符合，不违背。忤合，在这里是指以忤求合，先忤后合。

②趋合倍反：趋合是趋向合一，相当于“合”；倍反是背逆，相当于“忤”。倍，同“背”。

③化转：变化转移。

④环属：像铁环一般连锁起来而没有裂缝。

⑤形势：事物变化发展的态势。

⑥因事为制：因，依据、凭借；制，法则，法度，控制。

译文

无论是联合还是对抗的行动，均要有合宜的计谋。所向与所背的双方，就像圆环一样旋转而无中断，各有自己的形势。对于各方的具体情况，应反复进行研究。根据事态的发展，决定自己的态度。

解析

在纷繁复杂的社会生活中，当彼此对立的各方都邀请自己加入的时候，应该接近谁？远离谁？弄清这一点是很重要的。鬼谷子给出的答案是“因事为制”，也就是根据事态的发展来决定。

一则寓言里说，有一天，狼的使者来到羊群里，许诺说：“如果你们把守护你们的狗抓住杀了，我们以后就不再吃你们了，让你们过上安静的日子。”那些愚蠢的羊答应了狼的要求。这时，有只年老的公羊站出来说：“我们怎么能相信你们，并同你们共同生活呢？有狗保护我们的时候，你们还闹得我们不能安心地吃顿饭呢。”

聪明人不会轻信敌人的诺言，而放弃自己的安全保障。相信敌人的诺言无疑是愚蠢的，而选择自己盟友的时候，则一定要睁大眼睛。

原文

是以圣人居天地之间，立身御[①]世，施教扬声明名也，必因[②]事物之会，观天时之宜，国之所多所少，以此先知之，与之转化。

注释

①御：驾驭。

②因：根据，把握。

译文

圣人生于天地之间，立身处世，都是为了驾驭社会，教化人民，传播学说，宣扬名声。他们必须把握事物的发展机遇，观察自然和社会气候是否相宜，国家哪些方面有余，哪些方面不足，由此做到先知其情，然后运用计谋，促进事物向有利的方面转化。

解析

每个人都追求成功，但真正的成功者却只占少数。有人觉得疑惑，自己的勤奋程度与那些成功人士相比，应该是半斤八两甚至犹有过之，为什么至今未能成功？那答案很可能是这样一个词——机会。善于把握机会，是成功人士必备的素质之一，这就是鬼谷子所说的“因事物之会”。

有一则众所周知的寓言，说一只狐狸饿得肚子直叫唤，忽然，它发现一个葡萄架，架上挂满了一串串水灵灵的葡萄。狐狸馋得直流口水，想去摘葡萄。它上窜下跳，忙活了半天，就是够不着葡萄。它急得在葡萄架下转来转去，却毫无办法。最后，狐狸只能无奈地走了。

它边走还边安慰自己："这些葡萄还没有熟呢，一定是酸的。幸好我没吃，要不然会把牙酸掉的。"

现实生活中，也有不少人因为自己能力小，做不成事，就借口说时机没有成熟，这与吃不到葡萄就说葡萄酸的狐狸没什么两样。好机会来了，却没有能力去把握。等自己有能力了，机会却又白白地溜走了。在许多人的一生中，都曾有过这样的遗憾。避免这种遗憾的惟一方法，就是要提前做好准备，未雨绸缪，而不是临渴掘井。

原文

世无常贵，事无常师。圣人常为无不为，所听无不听。成于事[1]而合[2]于计谋，与之为主[3]。合于彼而离于此，计谋不两忠，必有反忤。反于此，忤于彼；忤于此，反于彼。

注释

①成于事：做好要做的事。

②合：实现或符合。

③主：重要的，主要的。

④反：此处当"顺从、合乎"解释。

译文

世上没有永恒显贵的事物，事物没有永恒效法的榜样，圣人做事总是顺乎客观规律，所以无所不为；圣人所听的都是客观真理，所以无所不听。做好要做的事，重要的是不违背定下的策略。如果计谋合于彼方的利益，则一定会背离此方的利益。不可能同时效忠于对立的双方，必然有合有忤。合乎此方的意愿，就要违背彼方的意愿；违背彼方的意愿，才可能合乎此方的意愿。这就是"忤合"之术。

解析

鬼谷子所说的"忤合之道"，绝不是风吹两边倒式的"骑墙"，而是有原则、有立场的行为。

有一个流传很广的寓言，说在一片茂密的大森林里，住着许多动物，其中有鸟有兽。有一天，鸟类和兽类因为一个误会，打起架来。刚开始，鸟类占了上风。蝙蝠急忙飞过来，对鸟儿们说："你们看，我有一双翅膀，所以我是鸟。"于是站到了鸟类这一边。可没过多久，兽类又占了上风。蝙蝠一看，又急忙从鸟类的队伍里跳了出来，对野兽们说："你们瞧，我有牙齿，所以我是真正的兽啊。"说完又加入了兽类的队伍。

后来，鸟类和兽类消除了误会，大家和睦相处。蝙蝠不知该站在哪一方好了。这时大家都看清了蝙蝠两面派的嘴脸，明白了它的欺诈行为。于是，鸟类和兽类都裁定蝙蝠有罪，把它赶出阳光之外。打这以后，蝙蝠总躲藏在黑暗中，不敢露面，到晚上才独自出来。那些善于变化嘴脸的"人中蝙蝠"，最终也不会有好下场。

原文

其术也，用之天下，必量天下而与之，用之国，必量国而与之；用之家，必量家而与之；用之身，必量身材能[1]气势而与之。大小进退，其用一也。必先谋虑计定[2]，而后[3]行之以忤合之术[4]。

注释

①材能：才质和能力。

②计定：确定计谋。

③而后：然后。

④忤合之术：即反合之术。

译文

如果将忤合之术用之于天下，一定要把整个天下都放在"忤合"中进行权衡，然后为之计谋；如果将忤合之术用之于国家，一定要把整个国家都放在"忤合"中进行权衡，然后为之计谋；如果将忤合之术用之于家族，一定要把整个家族都放在"忤合"中进行权衡，然后为之计谋；如果将忤合之术用之于个人，一定要把此人的才能气势都放在"忤合"中进行权衡，然后为之计谋。总之，运用忤合之术的范围或大或小，方式或进或退，其功用是相同的。做事之前，一定要预先谋划、分析、定好计谋，然后再运用忤合之术。

解析

一个人生于世间，有无数种志向可供选择。首先应该弄清楚的问题是：到底我想拥有多大的舞台？鬼谷子认为，不管你的舞台有多大，都要事先有所权衡。权衡什么呢？就是弄清楚在你选择的舞台上，你今后的生活会是一个什么样子，你会和什么样的人打交道？这些想清楚了，如果你还想继续呆在这个舞台上。那么，它就是你的舞台。你的舞台一定是真实存在的。你要确保，通过长期不断的努力，你可以一步一步地登上去。如果这个舞台本身就是虚无的，或者根本就不适合你，那么，即使你把它想象得无限之大，也是毫无用处的。

认识到自己的舞台，就要有否定现状，不断追求的决心。不安于现状是滚滚向上的车轮。一个人无论什么时候都不能够满足于现状，只要生存在人世间，就要不断地进取，否则就可能被不断发展的社会所淘汰。那些满足于现状的人认为，待在原地不动，就永远保险，其实不是这样，一切都在发展，待在原地不动就已经意味着落后。

现实生活中，我们常看到很多人满足于现状，醉生梦死地生活。他们对到手的财富无比满足，丝毫不愿意再花时间和精力去赚取新的财富。这样的人只能守着手里有限的财富过着平庸的生活。而那些对财富有强烈欲望的人，则会用不满之心激发自己无限的创造力和生命力，想尽一切办法赚钱，最终赢得财富，过一种宝马香车的富裕生活。

原文

古之善背向者，乃协四海、包诸侯，忤合天地而化转之，然后以之求合①。故伊尹②五就汤、五就桀，而不能有所明，然后合于汤。吕尚③三就文王、三入殷，而不能有所明，然后合于文王。此知天命之钳④，故归之不疑也。

注释

①合：耦合。

②伊尹：古代传说人物，辅弼商汤消灭夏桀，是商朝开国名相。

③吕尚：即太公望，辅佐周文王、周武王，对周朝建国贡献极大，是齐国的始封主。

④天命之钳：天命的制约。

译文

古代善于处理向背关系的人，总是能够横行天下，包容诸侯。用忤合之术考察天时地利的向背，促成其转化，最后选定圣贤君主与之联合。因此，夏朝末年，伊尹曾五次接触商汤，五次接触夏桀，最后决定背桀向汤，助其灭夏建商。商朝末年，吕尚三次接触周文王，三次接触商纣王，其立场仍未显露于世，最后才决定臣服于周文王，助其灭商建周。这些古圣人就是看清了天命所归之后，才做出向谁背谁的决断，最终归顺明主没有犹疑。

感悟

辅佐商汤灭夏兴商的伊尹和辅佐文王、武王灭商兴周的吕尚，都是为古人所称道的贤人，鬼谷子称他们为“善背向者”，因为他们一旦选中了得天意民心的明君，就毫不犹豫地为之效忠。同样，在我们选好了正确的道路之后，也应该坚持走下去，不可犹豫彷徨，更不可半途而废。

有这样一个故事：一个石油勘探者，来到天堂门口，天使圣彼得对他说：“你有资格住进来，但为石油职员保留的大院已经满了，没办法让你进去。”这位勘探者想了一下后，请求对大院里的居住者说句话。圣彼得同意了他的请求。于是这位勘探者扯开嗓门喊道：“在地狱里发现石油了!”

天堂的门很快打开了，里面的石油职员蜂拥而出。天使非常吃惊，请这位勘探者进入天堂并要他好好照顾自己，但勘探者此时却迟疑了，说道：“不，我认为我应跟着那些人，这个谣言里可能会有一些真实的东西。”

故事中的勘探者无疑是聪慧的，他利用人的顽固保守的心理，把他们都赶到了地狱。但他没有坚持走自己的路，最后没有进入天堂，反而去了地狱。哲人说过，“走自己的路，让别人去说吧!”可是，能坚持走自己的路的人，恐怕也只是少数。而坚持走自己的路，是一个人获得成功的前提。翻开任何一位成功人士的传记，能得到的最大的感触就是：他们走了自己的路!

原文

非至圣达奥，不能御世；不劳心苦思，不能原事；不悉心见情，不能成名[1]；材质不惠，不能用兵[2]；忠实无真，不能知人[3]。故忤合之道，己必自度材能知睿，量长短、远近孰不如，乃可以进、乃可以退；乃可以纵、乃可以横。

揣① 第七

原文

古之善用天下者，必量天下之权，而揣诸侯之情。量权不审，不知强弱轻重之称；揣情不审，不知隐匿变化之动静。何谓量权？曰："度于大小，谋于众寡。称财货之有无，料人民多少、饶乏，有余不足几何？辨地形之险易，孰利、孰害？谋虑孰长、孰短？群臣之亲疏，孰贤、孰不肖？与宾客之知睿孰少、孰多？观天时之祸福，孰吉、孰凶？诸侯之亲孰用、孰不用？百姓之心变化，孰安、孰危？孰好、孰憎？反侧孰使？如此者，是谓量权。"

注释

①揣：揣度。这里是指揣度情理。

译文

古代那些善于治理天下的人，必然会衡量天下的发展趋势，揣度各诸侯国的情况。如果对天下的局势衡量得不明，就不会获得强弱轻重的比较；如果对各诸侯国的情况揣度得不准，就不会掌握其暗地变化的情况。什么叫量权呢？一般来说有十个方面：一是度量国土的大小，谋算兵力的多少，衡量整个国家财货的有无，估计百姓有多少，是丰足还是贫乏，丰足和贫乏者各有多少；二是分辨各国山川地貌的险峻与平易，考察哪处与己有利，哪处与己有害；三是分析各国的策略谋划，弄清楚谁的策略更胜一筹；四是度量君臣的亲疏关系，知道谁贤德，谁不肖；五是分析各诸侯所养的宾客，摸清谁是良才，谁是庸才；六是考察各诸侯的命运福祸，观察谁吉利，谁凶险；七是考察诸侯的交谊，分析谁可以利用，谁不可利用；八是判断各国老百姓的人心向背，哪国比较安定，哪国潜伏危机；九是考察国内的老百姓拥护谁，厌恶谁；十是考察不顺从的势力，哪些要提防，哪些可相契。如果能把上述十个方面搞清楚，才是达到了“量权”的要求。

解析

鬼谷子所说的“量权”，就是指考察社会环境。选择和创造一个良好的社会环境，将有利于人的成长和事业的开展。

我们都听说过“孟母三迁”的故事，说的是孟子三岁时父亲就去世了，他只知道玩耍，不喜欢读书。起初，孟子家住在一块墓地附近。孟子看葬仪看得多了就常与小朋友学做丧事、筑坟墓。孟母想：这不是我孩子可以居住的地方啊！于是，就搬到市镇上去住。可是邻居是一个屠夫，整天杀猪宰羊，孟子也学起宰杀的动作来。

孟母又搬到一所学校旁边，住了下来。孟子接触的是读书人，于是也喜欢上了读书。孟母高兴地说：“这才是我的孩子可以住的地方。”孟子日后能够成为大学问家，得益于母亲为他创造了一个良好的社会环境。

原文

揣情者，必以其甚喜之时，往而极其欲也，其有欲也，不能隐其情；必以其甚惧之时，往而极其恶也，其有恶也，不能隐其情，情欲[①]必知其变。感动而不知其变者，乃且错其人勿与语，而更问所亲，知其所安[②]。夫情变于内者，形见于外。故常必以其见者，而知其隐者。此所谓测深揣情。

注释

①情欲：欲望，欲念。

②安：安静。

译文

擅长揣情的谋士，会抓住人“甚喜”“甚惧”这两个时机。在对方甚为喜悦之时前去游说，并设法使其欲望极度膨胀，只要对方表现出欲望，一般无法隐匿内心所想，定会显露真情。在对方甚为戒惧之时前去游说，并设法使其对某人某事的厌恶达到极点，只要对方表现出厌恶，便也不会隐瞒真情。对方不能控制情绪的时候，一定可以了解其思想动态。如果对方内心有所触动，却不显露于外，说明此人非常深沉。此时，不妨暂且抛开他本人，不要与他当面交谈，而向他所亲近的人调查，从中了解此人的内心。一般而言，当人的情绪发生波动时，自然会表现于外。因此，不时地察颜观色，可判断其内心所想。这就是所谓的“测深揣情”。

解析

鬼谷子是见缝插针的行家，他强调游说要抓住对方“甚喜”“甚惧”两个时机，以此作为突破口。同样，我们在做事时，也要事先寻找突破口，使自己获得更快速、更完美的成功。俗话说：“打蛇要打七寸”。在古代战争中，聪明的将帅总是能从失利中总结经验教训，找到敌人的弱点，实施毁灭性的打击，一战而胜。

原文

故计国事者，则当审量权；说人主，则当审揣情，避所短，从所长。谋虑情欲必出于此。乃可贵，乃可贱，乃可重，乃可轻，乃可利，乃可害，乃可成，乃可败，其数①一也。故虽有先王之道、圣智之谋，非揣情、隐匿，无所索之。此谋之本也，而说之法也。

注释

①数：法术，这里指办法。

译文

决策国家大事的人，必须精心权衡利弊得失；游说君主的谋士，必须精心揣度实情。一切策划、谋略和欲求，均须从量权和揣情出发。精通揣情之术，可使人富贵，也可使人贫贱；可使人手握重权，也可使人微不足道；可使人受益，也可使人受害；可使人成功，也可使人失败；产生这些差异的法则是一样的。因此，即使你有古代贤君的大德，有大智之人的计谋，若离开揣情之术，就无法识破隐藏的真相。由此可知，揣情之术是策划计谋的根本条件，是游说君主的基本法则。

解析

鬼谷子认为，要保证游说和谋略行动的成功，有两个不可或缺的环节，即“审量权”“审揣情”。这里的“审”，就是细致、精心的意思。在把握基本事实的基础之上，进行缜密的分析、判断，进而决定最佳的行动方案。

原文

常有事于人，人莫能先。先事而至，此最难为。故曰“揣情最难守司”。言必时[1]其谋虑，故观蜎飞蠕动[2]，无不有利害[3]，可以生事变。生事者，几之势也。此揣情饰言成文章，而后论之也。

注释

①时：这里指时机。

②蜎（yuān）飞蠕动：泛指昆虫的飞动。蜎是没有骨头的昆虫，爬行时都必须屈伸身体，就叫蠕动。

③无不有利害：世间没有不具备利害之心的东西。

译文

善于运用揣情为人谋事的人，总是让人无法超越。他总是在事情发生之前，就已经预料到了，这种料事如神的境界是最难达到的。所以说，揣情是最难把握的法术。凡言谈之时，必须根据情况作出判断，推测言说的后果。在自然界，即使是昆虫的飞行与蠕动，无不有利害关系，甚至引发事变。事变源于微末，但势成之后就不可控制。因此揣情者一定要修饰言词，以至做成文章，然后方可与对方论说。

解析

有一则寓言，说两头公牛为了争夺一片肥美的草地，发生了争斗。一只青蛙看到后，哀声叹气。它的同伴不解地问：“这和你有什么关系，用得着这么发愁吗？”这只青蛙答道：“唉！我们就要倒霉了。争斗失败的那只公牛将被迫离开草地，而在荒野上一口草也吃不到。它肯定会来到我们这长满芦苇的沼泽地，把我们踏在脚掌下。最终，我们大伙都将变成肉泥。”这种担心不是没有道理的。果然，没过多久，被打败的公牛来到沼泽地栖身，蛙群受到了严重的伤害，一会儿就有几十只青蛙被踩死了。

那只“料事如神”的青蛙的推理其实也不复杂，但其他青蛙之所以没有想到，是因为他们没有意识，或者说是对潜在的危险视而不见。有的时候，真理总是简单的。问题是，让人们相信简单的真理，确实是挺难的。

说一个人预测事情很准，有“神机妙算”“料事如神”“未卜先知”等诸多形容词。其实，人毕竟不是神，不可能掐指一算，就能前知五百年、后知五百年。预测，靠的是经验和思维。

在一个人说话或写文章的时候，表达的义理固然是首要的，但文饰也不可或缺。为了强调文饰的必要性，鬼谷子用了“蜎飞蠕动，无不有利害”的比喻。巧合的是，西方也有一个与此类似的说法，这就是著名的“蝴蝶效应”，对该效应最常见的阐述是：“一个蝴蝶在巴西轻拍翅膀，可以导致一个月后德克萨斯州的一场龙卷风。”

《论语》记载，有一天，卫国大夫棘子成对孔子的学生子贡说：“君子只要有好的本质就够了，为什么还要注意自己的语言呢?”子贡说：“您这样说是不对的。俗话说：一言既出，驷马难追。我们说话的时候应该特别注意。就像虎豹的皮和犬羊的皮，它们的区别既在于本质，也在于花纹，如果把这两类兽皮上的毛拔去，那么两者看起来就差不多了。”子贡的意思是说：说话要注意文采和修辞，因为人们对于自己说过的话，是要负起责任来的。棘子成听了连连点头，认为很有道理。

看问题当然首先要看实质，不能只看外表。但在实质的基础上，注意适当合度的修饰，是有益无害的。适当的文饰，有助于发挥积极作用。像墨子那样故意使自己的文章粗朴，显然过分。正所谓“言之无文，行而未远”。

但文饰要恰如其分，不可太过。因为文饰只是促进事业成功的助因，而不是主因，只起辅助作用，不起决定作用。决定因素仍然是内在的实质。如果文饰太过，超过限度，不符其实，那就适得其反。

文过盛，实必衰，这是必然的道理。如果你用翡翠作钓线，桂枝作钓饵，鱼竿是够美了，鱼看了却一定会吓跑。正像浓妆艳抹，往往会掩盖姿色的清丽；过于华美的文辞，也常常会妨碍思想的表达。人们只记住他的文字，却没有注意他的思想，这对于文人实质上是一种失败。

唐宋古文运动，其目的就是反对此前文坛堆砌词藻、无病呻吟之风，提倡直抒胸臆、真情实感之文。因为这样的文章才能代表真实思想。文质彬彬，才是好文章。但这个分寸实在难以把握。

像某些包装华美的商品，金玉其外，败絮其中，到底是骗不了人的。但是，质优价廉的产品，如果包装粗劣，同样不被市场接受。可见，外表的文饰美化也是不可忽视的重要因素。

摩[1]第八

原文

摩者，揣之术也。内符[2]者，揣之主[3]也。用之有道，其道必隐[4]。微摩之以其所欲，测而探之[5]，内符必应。其应也，必有为之[6]。故微而去之，是谓塞窖[7]、匿端[8]、隐貌、逃情，而人不知。故能成其事而无患。摩之在此，符之[9]在彼。从而应之，事无不可。

注释

①摩：揉擦，切磋。这里指通过刺激、试探，以求引起对方反映，从而了解内情。

②内符：情欲活动在内，符验就表现在外。

③揣之主：揣的主要对象，指内符。

④隐：隐密。

⑤测而探之：观测、研究，以探求其真实的欲求。

⑥有为之：有作用。

⑦窖（jiǎo）：地窖。

⑧匿端：匿，隐藏；端：端绪、开始、前兆。隐匿其端绪。

⑨符之：与之呼应。

译文

所谓“摩”，是揣情的一种方法。摩的主旨是为了达到“内符”，即指做出的判断符合所揣摩对象的内心。“摩”是有一定规则的，而这些规则是隐而不露的。“摩”时要顺着对方的欲望，投其所好，不知不觉地触动其心灵，使其内情自然显露出来。一旦内情显露，必有你可做的事，这就是“摩”的作用。在“揣摩”之后，应适当离开“摩其欲”的方向，如同把地窖盖上一样隐匿起来，搅乱其人的头绪，伪装自己的外表，逃避感情的牵连，使人无从知道我的真相。这样，事办成了，也不会留祸患。如何摩在于我，是否内符则在彼。只要顺应对方的欲望，使我方的“揣摩”能在对方那里得到应验，就没有揣摩不了的事情。

解析

鬼谷子所说的“摩”，就是要通过言语刺激等方式，使对方的真情充分暴露出来。与此同时，我要做好隐蔽的工作，尽量不暴露自己的内心。这样做的目的，就是要掌握主动权。正所谓“人在明处，我在暗处”，这是所有的谋略家所追求的境界。

在战争理论中，有一条重要的原则就是要注意隐藏自己的实力，故意让对手认为我不具威胁而产生轻视心理，等到敌人大意而来，所有的弱点均暴露无遗时，我再加以重拳出击，一举击溃对方。

人在明处，我在暗处，说起来简单，其实很难，它需要有大智慧、大定力，以符合鬼谷子所说的“成其事而无患”的要求。

原文

古之善摩者，如操钩而临深渊，饵而投之，必得鱼焉。故曰：“主事①日成而人不知，主兵②日胜而人不畏也。”

注释

①主事：所主办的事情。

②主兵：指挥军队。

译文

古代善于运用“摩”术的人，就如同拿着钓钩到深水边上钓鱼一样。只要把鱼饵投下去，就一定可以钓到鱼。所以说，他主办的事情日益成功，而人们仍不知他是如何成功的；他指挥的军队日益压倒敌军，而人们仍不知战争的可怕。

解析

“主事日成而人不知，主兵日胜而人不畏”，与《孙子兵法》中强调的“百战百胜，非善之善者也；不战而屈人之兵，善之善者也”，其核心都是实施战略的非攻原则，即不通过武力交锋而达到战略目的，这是最圆满的胜利，也是战略家所追求的最高目标和完美境界。这种全胜的战略思想，和一般国君、将帅追求彪炳战绩、好大喜功的心态背道而驰。

能真正做到“不战而屈人之兵”的人，才是真正的雄才大略。这一原则的基础，就是自己的国家要强大，军事、经济实力足以压倒对方，才能在政治上处于主动地位，通过外交途径达到不战而胜的目的。

三国时代，蜀将关羽围困魏地樊城、襄阳时，曹操想迁都，避开关羽的锋芒。司马懿和蒋济力劝道：“刘备和孙权表面上是亲戚，其实疏远。关羽得意，是孙权不愿意看到的。可以派人劝孙权攻击关羽的后方，并答应把江南地方分给孙权，则对樊城的包围自然解除了。”曹操用了他们的计谋，关羽终于兵败麦城，被东吴俘虏了。

同样的一件事情，有多种多样的解决方法。有的方法能够成功，有的方法却注定失败。很多时候，即使多种方法都能够获得成功，其中也总有最便捷的一个。比如要想放倒一棵大树，可以有多种方法。想通过自己的力气把树推倒的人是一个愚蠢的人，用斧头一下一下把树砍倒的人也能够达到目的，但却耗时费力。而使用电锯的人最聪明，最快最省力地解决了问题。

世界上的任何事情都是这样。恰当的方法常常可以起到事半功倍的效果。所以，做事情之前，思考一个最恰当的方法是十分必要的。

原文

圣人谋之于阴[1]，故曰“神”；成之于阳[2]，故曰“明”。所谓“主事日成”者，积德也，而民安之，不知其所以利；积善也，而民道[3]之，不知其所以然；而天下比之神明也。“主兵日胜”者，常战于不争、不费[4]，而民不知所以服，不知所以畏，而天下比之神明[5]。

注释

①谋之于阴：悄悄地谋划、策划，不让人知道。

②成之于阳：公开实现目的。

③道：当作应走的路来顺从。

④不争、不费：不使用武力，不消耗战费。

⑤比之神明：当作神奇和圣明。

译文

圣人谋划事情总是在暗地里进行，人们不知，故称之为“神”；而他所取得的成功都显现于众人眼前，所以人们称之为“明”。圣人“主事日成”，一是由于他暗中施德泽于民，使老百姓安居乐业，老百姓尚不知是如何得到这些好处的；二是由于他暗中积累善行，老百姓只知说好，却不知道为什么会这样。天下人都把这样的人比之为神明。圣人“主兵日胜”，是由于他不热衷于争城夺池，战争的消耗很小，老百姓不知道敌国为何拜服，也不知道战争有什么可怕。天下人也都把这样的人比之为神明。

解析

鬼谷子所说的“圣人谋之于阴”，说的是圣人言行谨慎，做事不张扬，只有如此，才能“主事日成”、“主兵日胜”。中国人最擅长的就是韬光养晦了。一个人锋芒太露，很容易招致他人的嫉恨，并最终为自己带来祸患。

孔子谆谆告诫要“温、良、恭、俭、让”，实际上也就有深藏不露的意思在内。《周易》说：“君子藏器于身，待时而动”，无此器最难，而有此器，却不思待时，则锋芒对于人，只有害处，不会有益处。为人处事低调一些，没有什么祸患能主动找到身上来的。如果处事太过张扬，那就会引火烧身。

俗话“人怕出名猪怕壮”说的也是这个道理！深藏不露的人，表面上看来好像他们都是庸才，胸无大志，实际上只是他们不肯在言语上露锋芒，在行动上露锋芒而已。因为他们有所顾忌，言语露锋芒，便要得罪旁人。得罪旁人，旁人便成为阻力，成为破坏者；行动露锋芒，便要惹旁人的妒忌，旁人妒忌，也会成为阻力，成为破坏者。表现本领的机会，不怕没有，只怕把握不牢，只怕做的成绩不能使人特别满意。

俗话说：“人不可貌相，海水不可斗量。”这就告诫我们：人的外表并不代表着才情、能力，成大事者不在其貌！齐相晏婴身高不足五尺，却历任齐灵公、庄公、景公三朝相国，成为春秋后期一位重要的政治家、外交家。司马迁曾将他比为管仲，推崇备至，用“不辱使命，雄辩四方”八个字来形容他的外交活动。

原文

其摩者，有以平，有以正，有以喜，有以怒，有以名，有以行，有以廉，有以信，有以利，有以卑。平者，静也；正者，直也；喜者，悦也，怒者，动也；名者发[①]也；行者，成[②]也；廉者，洁也；信者，明也；利者，求也；卑者，谄也。故圣人所独用[③]者，众人皆有之，然无成功者，其用之非也。

注释

①发：扩大名声，这里指有声誉。
②成：使其成功。
③独用：单独使用。

译文

“摩”有多种方式，有的靠平和，有的靠正义，有的靠取悦，有的靠愤怒，有的靠名望，有用靠行为，有用靠廉洁，有的靠信义，有的靠利益，有的靠谦卑。运用不同的方式，有不同的目的：靠平和是使其冷静思考；靠正义是晓之以理；靠取悦是为了麻痹对方；靠愤怒是为了震动对方；靠名望是为了威吓对方；靠行为推动是为了成功；靠廉洁是为了清白；靠信义是为了使对方明智；靠利益是为了诱惑对方；靠谦卑是为了满足对方虚荣心。总之，圣人所施用的“摩”术，平常人都可以使用，然而没有运用成功的，是因为他们运用不当。

解析

要想在竞争中获得胜利，一定要诉诸于手段。根据目标的不同，采取的手段也各不相同。主要的问题在于，你的手段是否有效，是否能打动你想打动的人？鬼谷子在这里提出了各种不同的策略，或者称之为“情感攻势”，对我们有颇多的借鉴意义。

原文

故谋莫难于周密，说莫难于悉听，事莫难于必成，此三者，唯圣人然后能任。

故谋必欲周密，必择其所与通者说也。故曰："或结而无隙①也。"夫事成必合于数，故曰："道数②与时相偶者也。"说者听必合于情，故曰："情合者听"。

注释

①无隙：紧密无间。

②道数：道与术，指规律与方法。

译文

设计谋略，最难的就是周到慎密；游说君主，最难的就是使其言听计从；主持事务，最难的就是确保成功。这三个问题只有圣人才能解决。所以凡设计谋略要周到慎密，一定要选择与自己情意相通的人共谋，所以说："相互结合，无懈可击。"凡办事要想取得成功，必须有适当的方法，所以说："方略、方法与天时互相依附。"凡游说的人要想人家对自己言听计从，必须使说辞合乎情理，所以说："合情合理才有人听。"

解析

俗话说"智者千虑，必有一失"，如何使自己在谋划事情的时候，尽力做到无懈可击，是需要好好考虑的问题。无懈可击其实是极难的，所以鬼谷子认为，"唯圣人然后能任"。

古代有两个擅长驾车的人，一个叫造父，一个叫王良，他们各自收了一些弟子。王良的一个弟子很聪明，很快就把老师的技术全学会了。于是他准备好马车，准备驾车到远方去。他上路没多久，就遇见了造父的一个弟子。造父的弟子听说他要日行千里，就对他说："你的马可跑不了那么远的路。"

王良的弟子说："我这些马都是精心挑选的千里马，车子也是最好的，而且我本人也精通驾车的技术，你说我不能日行千里，有什么根据呢?"造父的弟子微微一笑，说："很简单，你的缰绳拉得太长了。"轻率是干事业的大忌。一个小小的疏忽，就可能打乱所有的计划。在战争中，所有的统帅都知道，任何时候都不要寄希望于敌人不攻打自己，而应该有充分的准备，让敌人无机可乘，让自己无懈可击。平时做到“有备无患”，战时就不至于手忙脚乱，仓促应战，才能把主动权牢牢抓在自己手里，立于不败之地。

当然，完全的无懈可击只是一种美好的愿望，事实上是不可能的。“天衣无缝”常用来形容事物自然完美，毫无破绽。不过，正如“天衣”不存在于人世间一样，这个世界上没有什么东西是完美无缺的。所以，当我们做一件正确的事情时，只要尽全力做到最好就可以了，不必苛求绝对的完美。

原文

故物归类[1]，抱薪趋火[2]，燥者先燃；平地注水，湿者先濡。此物类相应，于势譬犹是也。此言内符之应外摩也如是，故曰：“摩之以其类，焉有不相应者？”乃摩之以其欲，焉有不听者。故曰“独行[3]之道”。夫几者[4]不晚[5]，成而不抱[6]，久而化成[7]。

注释

①物归类：事物各有自己归属的类别。

②抱薪趋火：抱着柴薪，走近火堆。

③独行：节操高尚、独立而行。

④几者：通晓机微。

⑤不晚：不失时机。

⑥成而不抱：把事情做成也不保守不前。

⑦久而化成：天长日久，就能化育万物。

译文

世上万事万物都有各自的规律，例如：抱着柴薪走进火堆，总是干燥部分先燃烧起来；往平地倒水，总是潮湿的地方先湿透。这些都是与物性相适应的，以此类推，其他事物也是如此。这就是“内符”与“外摩”相呼应的道理。所以说，按着事物的特性来施行“摩”术，岂有不响应之理？依据其人的欲望来施行“摩”术，岂有不听之理？圣人深谙其中奥妙，所以说，这是圣贤独行之道，只有他们才能施用“摩”术并确保成功。凡做事有法度者，都会把握好时机，有成绩也不居功，并且持之以恒，最后一定会成功。

解析

你说的话、你做的事，怎样才能深入人心？施行鬼谷子的“摩”术，怎样才能确保成功？在鬼谷子看来，只要做到“摩之以其欲”就可以。用现代的话来讲，“摩之以其欲”就是要体察人性。古代著名的政治家、军事家，大都有深入体察人性的本领。

三国时期，曹操领军去讨伐张绣，天气热得出奇，骄阳似火，兵士普遍口渴难耐，行军的速度十分缓慢。曹操担心贻误战机，心里很是着急。于是，他叫来向导，悄悄问他：“这附近可有水源?”向导摇摇头说：“泉水在山谷的那一边，要绕道过去还有很远的路程。”曹操想了一下说，“不行，时间来不及。”他看了看前边的树林，脑筋一转，办法来了，他一夹马肚子，快速赶到队伍前面，用马鞭指着前方说：“士兵们，我知道前面有一大片梅林，那里的梅子又大又好吃，我们快点赶路，绕过这个山丘就到梅林了！”士兵们一听，仿佛已经将梅子吃到嘴里，精神大振，行军速度一下子快了许多。

在遇到困难时，人类意志力和信念的强弱往往能起到决定性的作用。在旁人陷入困境时，帮助他树立信心，重建希望，往往比提供实质性的帮助更为重要。曹操用“酸梅林”鼓舞士兵的士气，成功走出绝境，正是缘于他对人性有着深刻的体察。

权[①] 第九

原文

说者，说之也[②]；说之者，资[③]之也。饰言[④]者，假[⑤]之也；假之者，益损[⑥]也。应对[⑦]者，利辞[⑧]也；利辞者，轻论[⑨]也。成义者，明之[⑩]也；明之者，符验也。难言者，却论也；却论者，钓几也。佞言者，谄而于忠；谀言者，博而于智；平言者，决而于勇；戚言者，权而于信；静言者，反而于胜。先意承欲者，谄也；繁称文辞者，博也；策选进谋者，权也。纵舍不疑者，决也；先分不足而窒非者，反也。

注释

①权：天秤用的砝码，可衡量物量的变化。
②说者，说之也：所谓游说就是说服他人。
③资：资益的意思，也就是给人利益或贡献。
④饰言：修饰性的语言，也就是很好听的话。
⑤假：不真实。
⑥益损：增减的意思。
⑦应对：巧妙处理。
⑧利辞：权宜之计或暂时敷衍的言论。
⑨轻论：轻视好的言论。

⑩成义者，明之：具有义理的语言，要阐明其真伪。

译文

凡游说一定要借言辞打动人。凡游说一定要准备回答他人的问话，准备好机变的辞令；所谓机变的辞令，为的是能轻松地辩论。符合义理的言论，必须要辨明真伪，使人明白；要使人明白义理，除了辨明真伪外，还要符合其心理需求。游说的难点在于"却论"，即责难对方的言辞，使对方放弃原先的论调。却论最根本的方法是"钓机"，即以诱惑的语言为饵钩，钓出对方心中的机密，然后有针对性地说服他。用花言巧语游说人，因谄媚而显得忠诚；用奉承的话语游说人，因博学而显得多智；用平实的语言游说人，因果决而显得勇敢；用忧愁的语气游说人，因善权变而显得有信用；用稳健的态度游说人，因改变对方主张而获得成功。谄媚的，是因为预先揣测对方意图，奉承对方欲望；博学的，是因为言谈中旁征博引，文采斐然；权变的，是因为优选策略，博取对方的欢心；果决的，是因为取舍之间毫不犹疑；改变对方主张的，是因为责难对方观点中的错误，使他信服。

解析

鬼谷子在这里列举了多种说话的语气，如佞言、谀言、平言、戚言、静言。在鬼谷子看来，这些语气本身并没有对错之分，关键看如何使用。佞言、谀言其实就是奉承话。自古以来，对于喜欢说奉承话的谄媚之徒，人们一般都比较反感。宋朝时，参知政事丁渭在都堂为宰相寇准擦试胡须上的汤渍，寇准戏谑他说："参政是国家的大臣，怎能为上司拭胡子呢?"丁渭不禁羞愧万分。

然而，有一种话和奉承话相似，那就是赞美话。赞美与奉承的区别，在于奉承的话总是缺乏根据的，让人一听就大倒胃口。因此，喜欢说奉承话的人往往被称为"马屁精"。赞美则立身于"有其事"，而且往往是出于善意的。赞美的语言永远是人际关系的润滑剂，现代紧张枯燥的生活中，赞美的语言可以缓解一个人紧张的神经，给生活带去一份美丽。奉承话让人生厌，赞美话让人自信，如何来讲，就要看自己如何把握了。

原文

故口者，机关①也，所以关闭情意也。耳目者，心之佐助②也，所以窥奸邪③。故曰："参④调而应，利道⑤而动。"故繁言而不乱，翱翔而不迷，变易而不危者，观要得理。

注释

①口者机关：嘴是表达或隐瞒意思的器官。

②佐助：帮助，辅佐。

③奸邪：奸是恶，邪是不正。

④参：指心，眼，耳三器官而言。参同三。

⑤利道：关于有利的道。

译文

口是言语的机关，用它来开闭人的情感之门。耳目是心灵的辅助机关，可以窥见人的奸邪。所以说，只要口、耳、目三者相互呼应，因势利导，就会走向成功。言辞繁多也不纷乱，思绪翱翔也不迷惑，局势有变也不危急，这就要求在观物时要切中要害，掌握真理。

解析

一个优秀的雄辩家，不单逞"口舌之辩"，而是将其与目视、耳听、心思三者结合起来，力争做到有理有据，从而在处事和论辩中无往而不胜。

春秋时候，郑国的执政子产以贤能著称。一天，他出门巡视，走到一家门前，听到妇人的哭声，就问怎么回事。仆人告诉他这家男主人刚死了。子产略加思索，就派人去捉拿那妇人审问，原来是她杀死了自己的丈夫。后来，他的仆人问道："先生怎么知道她是杀夫者？"子产说："她的哭声中隐含着恐惧。所有人对于自己的亲人，开始病的时候是爱护的，临要死的时候会感到恐惧，已经死了的话就会哀伤的。现在她是哭已经死了的人，不是哀伤却是恐惧，那么我就知道她心怀鬼胎啊。"

鬼谷子说"耳目者，心之佐助也"，其实是说要注意观察，积累经验，在此基础上进行分析和判断。但是，在某些特殊情况下，自己亲眼所见的事实也不一定可靠，还要依赖于对人和事的正确判断。

原文

故无目者，不可示以五色，无耳者，不可告以五音。故不可以往者，无所开之也；不可以来者，无所受之也。物有不通者，故不事也。古人有言曰："口可以食，不可以言。"言有讳忌也。"众口烁金"①，言有曲故也。

注释

①众口烁金：如果有很多人都这样说，无论如何坚定的心都会动摇。比喻为人应考虑流言蜚语。

译文

对于盲人，不应给他看五色；对于聋子，不应给他听五音；因此，对于冥顽不化的人，就不要试图开导；对于不可交往的人，也没有必要接受。对于那些不通情理的人，不必与他谋事。古人说："嘴可以吃饭，不可以随便说话。"因为有些话说出来是犯忌讳的。众口烁金，积毁销骨，谣言也是可以歪曲事实的。

解析

鬼谷子认为，即便是有雄辩之才，也应该谨言慎行。有些话说出来没有效果，根本没必要说。有些话说出来犯忌讳，容易伤害别人，一定不要说。

从前，有一个坏脾气的男孩。爸爸给了他一袋钉子，告诉他，每次发脾气或跟人吵架的时候，就在院子的篱笆上钉上一根。第一天，男孩钉了三十几根钉子。渐渐的，他学会了控制自己的脾气，每天往篱笆上钉的钉子在一天天减少。

终于有一天，他一根钉子都没有钉，他兴高采烈地跑去告诉爸爸。爸爸说："从现在起，如果你一整天都没有发脾气，就可以拔掉一根钉子"。日子一天天过去，最后，钉子都被拔光了。

爸爸带他来到篱笆边，对他说："孩子，你做得很好，可是看看篱笆上的钉子洞，这些洞永远也无法恢复了。就象你对别人说了一些难听的话，就在他心里留下一个伤口，就像这个钉子洞一样。"至此，男孩才彻底明白了自己以前的错误。

所以，古人说："嘴可以吃饭，不可以随便说话。"不说废话，不犯忌讳，这些全在于自己的收敛。

原文

人之情，出言则欲听，举事则欲成。是故智者不用其所短，而用愚人之所长；不用其所拙，而用愚人之所工，故不困也。言其有利者，从其所长也；言其有害者，避其所短也。故介虫[1]之捍也，必以坚厚；螫虫[2]之动也，必以毒螫。故禽兽知用其所长，而谈者知用其所用也。

注释

①介虫：介就是甲或盔甲，介虫是带有甲壳的昆虫。

②螫（shì）虫：指能用毒针来刺人的虫子。

译文

只要自己说的话，就希望人家听进去；只要自己办的事，就希望它能成功。这是人之常情。因此，一个聪明人不用自己的短处，而用愚人的长处；不用自己的弱项，而用愚人的长项。这样，就避免使自己陷于窘迫。说到有利的一面，就要发挥其长处，说到有害的一面，就要躲避其短处。甲虫自卫，一定是用它那坚厚的甲壳。螫虫自卫，一定用它那致命的毒螫。禽兽尚且懂得发挥自己的长处，游说者就应该懂得利用自己的长处。

解析

前面“捭阖篇”提到过趋利避害，这里的“扬长避短”，其实是趋利避害的一种手段。一个人只有善于扬长避短，才能趋利避害，幸福吉祥。扬长避短是一种智慧。在生活中，人人都需要这种智慧。

一则寓言里说，狐狸和鹤交上了朋友。一天，狐狸把鹤请来吃晚饭。他剩了一点儿肉汤，并把汤倒在一个平盘里。鹤每喝一口，汤就从它的长嘴中流出来，结果鹤什么也吃不到。鹤生气极了，可狐狸却在一旁偷着乐。鹤打算也戏弄狐狸一回，就邀请狐狸明天来家里吃饭，狐狸也答应了。

第二天，鹤用一只长颈小口的瓶子来盛饭菜，鹤很容易地把嘴伸进去，吃得津津有味。狐狸一看，却傻了眼，自己的嘴比杯子还粗，怎么能吃到饭菜呢？他知道自己遭到了鹤的报复，只好红着脸溜走了。

狐狸和鹤这对朋友，都在充分发挥自己长处的同时，也抓住了对方的短处，相互戏弄了一把。这个故事谴责了不厚道的朋友，同时也告诉我们一个“扬长避短”的道理。

在古代战争中，将帅在考虑问题时，应该兼顾利害。战争中的利与害，亦虚亦实，互相依存，互相转化，是对立统一的关系，贯穿于战争的全过程。在实施作战指导时，应根据利害关系，决定策略，充分发挥我之长处，避开我之短处。

原文

故曰：“辞[①]言五，曰病、曰怨、曰忧、曰怒、曰喜。”故曰：“病者，感衰气而不神也；怨者，肠绝[②]而无主也；忧者，闭塞而不泄也；怒者，妄动而不治也；喜者，宣散而无要也。”此五者，精[③]则用之，利则行之。

注释

①辞：外交辞令。

②肠绝：在这里引申为过度悲伤。

③精：精于言辞的人。

译文

一般而言，在外交辞令中有五种言态：一是病态之言；二是幽怨之言；三是忧郁之言；四是愤怒之言；五是喜悦之言。病态之言是神气衰弱，而无精神；幽怨之言是悲观过度，没有主见；忧郁之言是情感闭塞，不能畅言；愤怒之言是气急发怒，不能自制；喜悦之言是宣泄于外，不得要领。以上这五种言态应尽力避免，但精于言说者也可一用，若用之有利，则不妨付诸实行。

解析

我国古人十分重视修身，修身最重要的一点就是要控制自己的情绪。在与人交往中，尤其要注意这一点。在这里，鬼谷子简单列举了病言、怨言、忧言、怒言、喜言等五种情绪化的语言，以提醒我们注意。试问，谁愿意与一个喜怒无常的人交往，谁又愿意与一个总是愁眉紧锁的人交谈。

现实生活中，学生、下级、晚辈犯了错，作为师长、上级、长辈的一生气，就会劈头盖脸地训斥一番，有时候也能收到一定的效果，但更多的时候只会适得其反，因此要把握好这个度。善于控制情绪，是修身中最重要的功课；善于利用情绪，是交往中的一个重要原则。

古时候，一位大臣受国王派遣，到外国采购本国没有的物品。大臣来到一国，听到市场上有一位老者在叫卖“智慧”，感觉新奇，便将五百两银子付给老者，要买智慧，老者对他说“长虑谛思惟，不当卒行怒，今日虽不用，会当有用时。”大臣办完公务，星夜回家，怕惊醒妻子，悄悄进屋，不料在微弱的月光下，隐约看到床边有两双鞋，心中怀疑妻子不忠，顿起杀心，一把拔出了佩刀。这时，他突然想起自己带回的智慧之言，不觉念叨起来。声音惊醒了屋中人，“儿子回来了！儿子回来了！”床上之人喊道。原来是大臣的妻子生病，母亲前来照看。明白情形的大臣，不觉大喊：“这智慧果真便宜！”试想，如果大臣没有及时克制自己的怒火，岂不要发生一场人间惨剧？

与人交往最忌一个“怒”字，动不动就发脾气，终会害了自己。容忍心中的怨气确实不大容易，但只要遇事多思虑一下，又怎能让一时之气冲昏头脑呢？

原文

故与智者言，依于博[1]；与拙者言，依于辩；与辩者言，依于要[2]；与贵者言，依于势；与富者言，依于高[3]；与贫者言，依于利；与贱者言，依于谦；与勇者言，依于敢[4]；与过者言，依于锐，此其术也，而人常反之。是故与智者言，将此以明之；与不智者言，将此以教之，而甚难为也。故言多类，事多变。故终日言，不失其类，故事不乱。终日变，而不失其主，故智贵不妄，听贵聪，智贵明，辞贵奇。

注释

①博：博学多闻的意思。

②要：枢纽、要点。

③高：指精神高度集中。

④敢：果敢进取的气质。

译文

所以与聪明的人谈话，要显露你的博学，使对方看重你；与笨拙的人谈话，要发挥你的辩才，使对方领悟；与善辩的人谈话，要抓住要害，避免陷入争辩；与高贵的人谈话，要论说时势，以势制服对方；与富人谈话，要显得你很清高，使其难以夸耀财富；与穷人谈话，要谈及利益，以驱使对方动心；与卑贱的人谈话，要显得谦恭，以维护其自尊心；与勇敢的人谈话，要表现得果敢，使对方信任你；与有过失的人谈话，要以锐意革新为原则，使其前进。以上都是游说的基本原则，可惜现实中人们常常背道而驰。所以，与聪明的人谈话，主要是与他探讨义理，使之彰显；与平常的人谈话，主要是向他传授义理，使之领悟。事实上，这些都很难做到。谈话有多种方式，事情有多种变化。若能了解对方属于何种类型的人，知道该种类型的人应采取何种策略，这样即使终日谈论，也不会把事情搞乱。无论事情如何变化，也不会偏离主要精神。因此聪明的人从不妄加言说，他们听人言说，能做到深入其心；运用智慧，能做到明辨是非；言语交谈，能做到出奇制胜。

解析

鬼谷子认为，与智者、拙者、辩者、贵者、富者、贫者、贱者、勇者这些不同类型的人交谈，所使用的方式是截然不同的。现实生活中，说话不光要看一个人的贫贱、富贵、智拙，还要根据他的生活环境、性格特征来综合考虑。

不同生活背景和文化背景的人会有不同的思维定势，对于圈内的人来说，相互理解起来更容易，但对于圈外的人来说，几乎无法沟通。交谈之前要先了解对方，才能达到有效的沟通。

春秋时代，孔子周游列国，走累了，在路上休息。他的马逃脱了束缚，吃了别人的庄稼，农民把马牵去了。子贡请求去说服那农民，孔子同意了。子贡是当时著名的雄辩家，可他把什么话都说了，那农民就是不理他那一套。有个刚刚跟随孔子学习的郊野之人，请求孔子让自己去。他对那农民说：“您不是在东海种地，我不是在西海种地，我的马怎么可能会不吃你的庄稼呢?”那农民很开心，对他说：“说话都像你这么清楚就好了，怎么能像刚刚那个人那样!”说完，解开马的缰绳就给了他。

谋[1] 第十

原文

为人凡谋有道，必得其所因[2]，以求其情[3]。审得其情，乃立三仪[4]。三仪者曰上、曰中、曰下，参以立焉，以生奇[5]。奇不知其所拥，始于古之所从。故郑人之取玉也，必载司南之车[6]，为其不惑也。夫度材、量能、揣情者，亦事之司南也。

注释

①谋：策划。这里主要指谋划说服人的策略。

②因，依靠，凭借。

③情，实情，情形。

④三仪：指天、地、人，天在上，地在下，人居中。借用天、地、人三仪，指上智、中才，下愚。

⑤参以立焉，以生奇：三仪互相渗透，就可谋划出卓越的策略。

⑥司南之车：中国古代发明的一种装有磁石的车。常指南方，以此为基准作行军时的向导。

译文

凡为人谋事有一定规律，首先必须查明事情的原委，以探得实情。审慎考核实情，然后确立“三仪”，即上、中、下三种策略。此三者互相参验，通过分析论证，就能定出奇谋。这样产生的奇谋所向无阻，自古以来便是如此。据说，郑国人入山采玉，必乘载带有司南针的车，为的是不迷失方向。为人谋事，一定要考量其才干、能力，揣测其实情，这是为人谋事不可或缺的指南。

解析

在这里，鬼谷子道出了出奇制胜的奥妙，“奇不知其所拥，始于古之所从”。正如孙子所说：“凡战者，以正合，以奇胜。故善出奇者，无穷如天地，不竭如江海。”出奇制胜，正是优秀将帅的追求。

楚汉争霸之际，韩信背水一战大破赵军。在庆祝胜利的时候，将领们问韩信：“兵法上说，列阵时应该背靠山，阵前可以临水泽，现在您让我们背靠水排阵，现在竟然取胜了，这是一种什么策略呢?”韩信笑着说：“这也是兵法上有的，只是你们没有注意到罢了。兵法上不是说‘陷之死地而后生，置之亡地而后存’吗? 如果是有退路的地方，士兵早都逃散了，怎么能指望他们拼命呢?”

韩信精通兵法，但不囿于兵法，而是充分领会兵法之精华，将其融会贯通，最终达到出奇制胜的效果。

原文

故同情而俱相亲者，其俱成者也。同欲而相疏者，其偏成者也；同恶而相亲者，其俱害者也；同恶而相疏者，其偏害者也。故相益①则亲，相损则疏，其数②行也；此所以察同异之分，其类一也。故墙坏于其隙，木毁于其节，斯盖其分也③。

注释

①相益：互相有利。

②数：法则，道理。

③墙坏于隙，木毁于其节，斯盖其分也：“墙”又可写作“缡(lí)”，是指环绕住宅周围所建的土墙。恰如墙有一点点小裂痕就有崩毁的可能。而树是从有疖处开始腐败的。

译文

凡志趣相投的人联合谋事，事成后若双方都能得利，感情定会亲密；若仅一方得利，感情定会疏远；凡有共同憎恶的人联合谋事，若是同受其害，感情定会亲密；若仅一方受害，感情定会疏远。所以说，凡相互受益，感情定会亲密；凡相互受到损害，感情定会疏远。这是矛盾运行的必然规律。所以在为人谋事时，一定要考察彼此在各方面的异同。比如，墙壁都是由于有裂隙才倒塌，树木都是由于有节疤才毁断。人与人之间若有分别，就可能导致分裂。这就是事物一般的规律！

解析

人是社会性的动物。人生在世，免不了要与人合作。在鬼谷子看来，如果合作的结果，是让双方都得益，那就是成功的合作。若只有一方受益，另一方受损，甚至两方都受损，那就是失败的合作。与人合作，我们一定要谨慎行事，以免误人害己。

一则寓言中说，青蛙爱上了老鼠，它想时时刻刻都和老鼠在一起。于是，它把老鼠的脚和自己的脚绑在了一起。刚开始，它们在地面上行走正常，还能吃到谷子。可后来，当它们来到池塘边时，青蛙一下就跳进了水里，把老鼠拖下了水。

青蛙在水里玩得高兴，而可怜的老鼠不会游泳，淹死了。最后，老鼠的尸体浮上水面，它的脚仍然和青蛙绑在一起。一只老鹰发现了老鼠，便冲向水面，抓起老鼠。而青蛙也被跟着提出水面，成了老鹰的美食。不恰当的合作，就像这则寓言中的青蛙和老鼠，只会给双方带来损失。

原文

故变生事，事生谋、谋生计、计生议、议生说、说生进、进生退[①]、退生制，因以制于事。故万事一道，而百度一数[②]也。

注释

①进生退：进取产生于退却。

②一数：一定的数。

译文

所以，社会不断变化，必然要滋生事端；要解决事端，便需要有人出来谋划；只有经过谋划，才能产生计策；计策提出后，一定会引起争议；争议出现了，一定要有人出来说服；说服了决策者，计策才能得到实施；实施计策成功后，要适当退却；退却到有利位置，是为了掌握主动，以达到控制事态的目的。无论所谋何事，都要遵循上述规则，使事态朝着有利于我的方向一步步发展。

解析

古语云："骐骥一跃，不能十步；驽马十驾，功在不舍。"凡事都要循序渐进，持之以恒，不可急功近利，武断行事，否则就很容易忙中出错，导致功亏一篑。

一个挤牛奶的姑娘，头顶一桶牛奶，从田野走回农庄。她幻想着："这桶牛奶卖了，至少可以买回三百个鸡蛋。就算有些意外损失，那也能孵出二百五十只小鸡。等到鸡价最贵的时候，就可以把小鸡拿到市场上卖。这样到了年底，我就可以得到很多赏钱，足可以买一条漂亮的裙子。

到了圣诞节的晚宴，我穿上那条漂亮的裙子，于是年轻的小伙子都会向我求婚，但我却摇摇头拒绝他们。"想到这里，她非常得意，竟然真的摇起头来。结果，牛奶被她摇到了地上，她的美梦也被打碎了。

在第一步还没有迈出去的时候，不要幻想最后的结果。否则美梦破灭，甚至连迈出第一步的机会都会永远丧失。

原文

夫仁人轻货[①]，不可诱以利，可使出费；勇士轻难，不可惧以患，可使据危；智者达于数、明于理，不可欺以诚，可示以道理，可使立功；是三才[②]也。故愚者易蔽也，不肖者易惧也，贪者易诱也，是因事而裁之[③]。

注释

①夫仁人轻货：有德行的人不看财物。

②三才：指仁人、勇士、智者三种人才。

③裁：裁夺。

译文

一般而言，仁德的人不看重财物，不可用财物相诱惑，只可让其提供财物；勇敢的人不惧怕危难，不可用祸患相恐吓，只可使他据守险地。智慧的人知权变、明事理，不可假装诚信相欺骗，只可晓以大义，使其建功立业。这是三种人才啊，必须好好使用！由此观之，愚昧的人容易受蒙蔽，不肖的人容易被吓住，贪婪的人容易被引诱。对于这些人，要抓住其特点来控制他们。

解析

在这里，鬼谷子告诉我们，人有仁人、勇士、智者、愚者、不肖者、贪者的区分。要笼络或利用一个人，就应首先分析他的性格特征，采取应对的办法。若采取的方法不当，就可能事与愿违，引起别人对你的反感。

原文

故为强者积于弱也；为直者积于曲也；有余者积于不足也；此其道术行也。

故外亲而内疏者说内，内亲而外疏者说外。故因其疑以变之，因其见以然之，因其说以要之，因其势以成之，因其恶以权之，因其患以斥之。摩而恐[①]之，高而动之，微[②]而证之，符[③]而应之，拥[④]而塞之，乱而惑之，是谓计谋。

注释

①恐：受威胁的感受。

②微：削弱。

③符：验证，应验的意思。

④拥："拥"通"壅"，就是用土堵，阻塞。

译文

强者是由不断发展的弱者形成的；直线是由许多微小的曲线形成的；富裕是由长期的节俭形成的。这就是道术反致的规律啊！若对方表面上与我亲近而内心疏远，则我要从打动其内心入手；若对方内心与我亲善而表面上疏远，则我要从改善外部关系入手。应根据对方的疑惑改变自己的说辞；根据对方的见解表示同意与否；根据对方的言辞确定说辞的要点；根据对方的情势协助其取得成功；根据对方的憎恶权衡利弊得失；根据对方的顾虑加以消除。与对方摩合后，告知以危机，引起他的恐惧；抬高对方，使之奋发向上，策化行动；针对对方的怀疑，不动声色地加以验证，打消其疑虑；凡对方的正确意见，我应积极响应；凡对方的错误要求，我应加以阻止；搅乱对方的思想，使其困惑。这些就是计谋之道。

解析

鬼谷子强调施展谋略要得“势”，即要善于根据对方的情况，随时调整自己的策略，将主动权牢牢抓在自己的手里，只有这样才能控制事态的发展，令自己获得利益。

我们平时常说“形势”，“形”与“势”连用，可见二者密不可分。“形”是静态，是力量尚未散发出来之前的状态；“势”是动态，是迅速运动造成的威力。积水本来呈现静止不动的状态，看似一种极其柔弱的“形”，可是当堤防决口，或是水自高处飞激而下时，就形成威力无穷的“势”；猛禽攻击前的准备工作是“形”，一旦完成准备，奋力一击，就是“势”的运用。

在对立的各方之间，主动权是会不断转移的。一方运用计谋以争夺主动权，另一方看似处于被动，但若此时能够将计就计，利用对方的计谋而定计，则主动权不但不会丢失，反而能够更加牢固。

原文

计谋之用，公不如私①，私不如结②；结而无隙者也。正不如奇③，奇流而不止者也。故说人主④者，必与之言奇；说人臣⑤者，必与之言私。

其身内、其言外者疏；其身外、其言深者危⑥。

注释

①公不如私：公，公开；私，私下，暗地里。公开运用计谋，不如在暗地里运用。

②结：缔联，结文。

③正不如奇：正攻法虽然是合理的，但是却不如乘对方之不备使用奇攻法。

④人主：人君，帝王。

⑤人臣：臣下，大臣。

⑥危：危险。

译文

运用计谋，公开谋划不如私下密谋；私下密谋不如结为同盟；结为同盟就应避免矛盾。运用计谋，常规策略不如奇谋，施以奇谋则无往不胜。所以说，向人主游说时，必须先献奇谋；向人臣游说时，必须先谈私交。若你是同盟内的人，却将机要泄露给同盟外的人，就会被同盟者疏远。若你是同盟外的人，却触及同盟内的机要，同样会有危险。

解析

“结而无隙”，是说朋友之间要团结一致，防止出现不必要的隔阂，否则就可能导致事业不顺，给双方都带来危机。

荀子说：“蓬生麻中，不扶而直；白沙在涅，与之俱黑。”就说明了朋友的影响是十分巨大的。因此，在交朋友之前，除了自身保持中正之外，还要注意所交朋友的人品。以防止所交之人，对自身造成某些潜移默化的不良影响，进而影响到以后人生道路的选择。

有一则寓言，说驴子和狐狸共同去打猎。突然它们碰到了狮子，狐狸一看情况不妙，立刻向狮子许诺说：“如果你不吃我，我可以把驴子交给你。”狮子答应了。

狐狸把驴子引到一个陷阱里。狮子看到驴子已经逃不掉了，就先把狐狸吃掉了，然后再去吃驴子。像狐狸这样出卖朋友的人，是不会有好下场的。选择朋友，也就是选择自己未来的人生！选择“益友”，就选择了人生路上的贵人。

在遇风雨的时候可以用来遮蔽风雨和歇脚的驿站；选择了“损友”，就选择了人生前进路上可能在你跌倒的时候落井下石的小人。孔子说：“君子喻于义，小人喻于利。”意思就是说看重道义的就是有益的朋友，只重视利益的就是有害的损友。选择朋友的时候不妨以此为参考的标准，在遇到事情的时候，注意观察，就可知道所谓的朋友是“益友”或是“损友”了。

有两个朋友一起赶路，其中一个人拾到了一把斧头。另一个人对他说：“我们拾到了一把斧子。”那人回答说：“不是‘我们拾到了’，而是‘我拾到了’。”过了一会儿，斧头的主人追上了他们，要回了斧头。拾到斧子的人对同伴说：“唉，我们完了。”另一个说：“你不要说‘我们完了’，而要说‘我完了’，因为一开始就没有把斧子当成共同的东西呀。”可见，为了利益而不顾朋友的人，在困难的时候也会被朋友抛弃。

原文

无以人之所不欲，而强之于人；无以人之所不知，而教之于人。人之有好也，学而顺之；人之有恶也，避而讳之，故阴道而阳取之[①]也。故去之者纵之，纵之者乘之[②]。

注释

①阴道而阳取之：悄悄进行谋划，公开进行夺取。

②去之者纵之，纵之者乘之：去，除掉、去掉；纵，放纵，恣肆；乘，利用，趁机会。

译文

不要把人家不喜欢的东西强加给人，不要把人家不愿知道的事情强教给人。如果对方爱好某种东西，你要学着迎合他的兴趣；如果对方厌恶什么东西，你要尽量加以避讳。所以说，你是在暗中顺从对方，得到的却是公开的信任。因而，想要除掉的人，可献谋使其放纵，待他犯了错误时，你就可以抓住机会制裁他。

解析

孔子有一句名言：“己所不欲，勿施于人”，这是处理人际关系的一项基本准则。鬼谷子也主张，“无以人之所不欲，而强之于人”。要想从他人那里获得利益，就必须图其所好，知道怎样在不丧失原则的基础上，尽力去取悦他人，以求达到自己的目的。

要想与人相处得融洽，或者想让别人听从你的意见，一定要学会图其所好，否则就很难达到自己的目的。自古以来，只有“虚圆之士”才能既建功立业，又明哲保身。走路从不转弯的人，他的结局一定是头撞南墙。儒家主张内仁外和，就是要人既在内心深处坚持道德原则，绝不让步，外在又灵活机动，处世随和，这样人与人的关系才可能融洽。

有一个农夫的田里有一棵并不粗壮的树，只有麻雀和蝉在树上休息。农夫觉得这树没有什么大用处，便拿起斧头，准备把树砍断。那些住在树上的蝉和麻雀请求农夫不要砍树，它们将在树上为他歌唱，使他高兴。农夫没有答应，接着又砍了起来，直至树上砍出了一个洞。这时，他发现树洞里有蜂窝和蜂蜜，他尝了尝蜜后，就连忙抛下斧头，不再砍树了，而且还小心地保护这棵树。

故事里的麻雀和蝉劝阻农夫砍树算是白费口舌，因为他们根本不了解农夫的嗜好。它们的歌声只会招人厌烦，而蜂蜜让农夫尝到了甜头，才使他放弃了砍树的行动。

决[1] 第十一

原文

为[2]人凡[3]决物，必托于疑者，善其用福，恶其有患[4]，害至于诱也，终无惑[5]偏。

注释

①决：决断。这里指决情定疑，果断决策。

②为：给，替。

③凡：凡是，表示概括。

④善其用福，恶其有患：喜欢有利而厌恶灾祸。

⑤惑：迷惑。

译文

凡决断事情，一定是有了疑难问题。决疑的目标是获得利益，免除祸患。高明的决疑者，善于诱出利益，从无疑惑与偏差。

解析

当我们面前只有一条路的时候，可以毫不犹豫地走下去。然而，人生难免要走到三叉路口或十字路口，从而面临一系列新的选择，我们该何去何从？这个问题，是对我们每一个人的最大考验。

夏天天气炎热，池塘里干得一滴水也没有了。有两只住在池塘里的青蛙不得不离开那里，寻找新的住处。它们走啊走，终于来到一口井边。它们小心地趴在井口，探着头，往井下看。井水清澈见底，清

凉的气息一股股地涌上来。其中一只青蛙没有细想，就高兴地跳了下去，对他的伙伴说：“喂，朋友，快下来吧，

这口井水多好啊。我们就住这里吧。”另一只青蛙回答说：“这井这么深，如果它里面的水也干了，我们怎么样爬上来呢?”在做出决定之前，必须权衡利弊，否则就会像第一只青蛙那样，只图一时的痛快，而换来终身的痛苦。

原文

有利焉，去其利则不受也[①]，奇[②]之所托[③]。若有利于善者，隐托于恶，则不受矣，致疏远[④]。故其有使失利、有使离[⑤]害者，此事之失。

注释

①去其利则不受也：去，除去；去其利，将其利除去，即没有利。受，接受。没有利则不接受。

②奇：奇计。

③托：凭借。

④致疏远：致，导致，招致；疏远。

⑤离：古通“罹（lí）”。这里指遭受。

译文

若对方本来能获得利益，而你的决疑反使其失利，则他不会接受，除非他的委托另有隐情。如果你的决疑对他有利，但其形式却令其反感，则他不会接受，而且可能疏远你。所以你的决断使其失去利益，或遭到损失，都是决疑的失败。

解析

在前面“捭阖篇”中，曾提及目标与手段的关系。在这里，鬼谷子除重申目标的重要性外，更着重强调手段的合理性。为达目的不择手段的做法，是遭人鄙夷的。再好的目标，再纯洁的动机，离开了手段的合理性，也难免会变质。

有一则古代寓言，说随侯之珠是一种非常珍贵的宝珠。有一个喜欢打鸟的人，却把随珠当作弹丸，去射飞翔在千丈高空中的一只麻雀。人们看了，都嘲笑他。做什么事，都得讲究轻重得失。为了价值甚微的目标而付出昂贵代价，是一种愚蠢的行为。

原文

圣人所以能成其事者有五：有以阳德之者，有以阴贼之①者，有以信诚之者，有以蔽匿之者，有以平素②之者。阳励于一言，阴励于二言，平素枢机③以用四者④，微而施之。

注释

①以阴贼之：用阴道来惩治。

②平素：即平时。

③枢机：枢纽、机要。

④四者：指一言、二言、平素、枢机。

译文

圣人能够取得成功，有五种途径：有的依靠公开的仁德；有的依靠暗中的计谋；有的依靠诚实信义；有的依靠谦卑隐匿；有的依靠平素积累。为人决疑，要分清是阳谋还是阴谋。为阳谋决疑贵在说一不二，为阴谋决疑贵在留有余地。为人决疑，还要善于抓住平素和关键两种时刻。将阳谋、阴谋、平素、关键四者有机结合，而后可以细致地进行决疑。

解析

大到一个国家，小到一个团体，都会有一些战略性的规划。在这里，鬼谷子列举的“阳德、阴贼、信诚、敝匿、平素”，其实就代表了五种战略。在制定决策的时候，必须要服从于整体战略。用战略的眼光去看待问题，才能做出正确的决断。

一个青年向一个富翁请教成功之道，富翁拿出三块大小不一的西瓜放在青年面前，说：“如果每块西瓜代表一定程度的利益，你选哪块?”“当然是最大的那块!”青年毫不犹豫地回答。富翁一笑：“那好，请吧!”他把最大的那块西瓜递给青年，自己却拿了最小的那块。很快，富翁吃完了，随后从容地拿起桌上最后一块西瓜，得意地在青年眼前晃了晃，然后大口大口吃起来。青年马上明白了他的意思：富翁吃的西瓜虽不比自己的大，却比自己吃得多。如果每块西瓜代表一定的利益，那么富翁占的利益自然比自己占有的多。

青年所做的决定，表面看起来占了便宜，而实际上恰恰相反。他的错误在于着眼于蝇头小利，而没有用战略性的眼光来审视面前的机会。大量的历史事实也向我们表明，在决策时能否坚持自己的既定战略，是关系事业成败的关键。

原文

于是，度以往事，验之来事①，参②之平素，可则决之；公王大人之事也，危③而美名者，可则决之；不用费力而易成者，可则决之；用力犯勤苦，然而不得已而为之者，可则决之；去患者，可则决之；从福者，可则决之。

注释

①验之来事：对将来的事情进行验证。

②参：核对，对照、参照。

③危：崇高的意思。

译文

决疑时应该忖度往事，预测未来的发展，再参考平素的情况，若能做出判断，可立即决断；王公大人们委托决断的大事，若能为其带来美名，并且有望成功，可立即决断；无需费力而易成的事，可立即决断；虽然费力但又必须做的事，可立即决断；能为人免除祸患的事，可立即决断；能为人带来福祉的事，可立即决断。

解析

果断，是一种很重要的人格素质。一个果断的人，会让别人觉得可靠，从而愿意将事情托付给他。相反，一个优柔寡断的人，会逐渐丧失别人对他的信任。一个猎人得到一只捕猎机，只要猎物受到作为诱饵的玉米粒的诱惑，一路啄食，就会进入捕猎机，而他只要一拉绳子就大功告成。猎人支好捕猎机，藏起来不久，就飞来一群野鸡，共有九只。

大概是饿得久了，不一会儿就有六只野鸡走进了箱子。他正要拉绳子，又想："那三只也会进去的，再等等吧。"等了一会儿，那三只非但没有进去，反而走出来三只。他后悔了，对自己说："哪怕再有一只走进去，就拉绳子。"接着，又有两只走了出来。如果这时拉绳，还能套住一只，但他对失去的好运不甘心，心想："总该有几只要回去吧？"终于，连最后那一只也走出来了。那一次，他连一只野鸡也没能捕捉到，反而白白损失了两把玉米。

猎人本来可以逮住六只野鸡，可他却没有拉绳。在最好的机会失去之后，他还有机会，但由于该断不断，最终什么也没有得到。

还有一个故事，说有人设置了一架捕捉野兽的器具，结果一只老虎跑过来，一只脚掌被缚住了。老虎拼命挣脱也无济于事。它逃生的惟一希望，就是用自己锋利的牙齿咬断脚掌，但它没有这样做，最终被人抓住，丢了性命。老虎咬断自己的脚掌自然是很痛苦的，但是如果因此而保存了性命，则是一个聪明的选择。做事一定要果断。否则，要么得不到应该得到的利益，就像第一个故事中的猎人那样；要么就要蒙受本来可以规避的损失，就像第二个故事中的老虎那样。

原文

故夫决情定疑万事之机[1]，以正治乱[2]、决成败，难为者。故先王乃用蓍龟[3]者，以自决也。

注释

①万事之机：万事的关键。

②治乱：肃清动乱。

③蓍（shī）龟：蓍，一种多年生草本植物；龟是龟甲，都是占卜工具。

译文

所以决疑断难，是万事成功的关键，目的是以正治乱，决定成败，这是很难做到的事情。故古代贤君遇到疑难时，不得已而用蓍草和龟甲进行占卜，以此帮助自己决断。

解析

在重大关头，要做出正确决断是一件很困难的事情，以至于古代圣贤需要利用占卜来帮助决断。越是重大关头，越应该沉着、镇定，控制好自身的情绪，以免让事情陷入更为复杂的境地。

其实在面临重大选择的关口，任何人都不可避免会出现焦虑或紧张情绪，这就要看是否能够自我调节、自我克制了。

符言[1] 第十二

原文

安、徐[2]、正、静，其被节[3]先定。善予而不争，虚心平意[4]，以待倾[5]损。右主位[6]。

注释

①符言：符是符契、符节。我国早在汉代就把有节的竹片加以中分，由两人各持一片，日后各拿这一片竹的人，只要能把两片竹完全合在一起，连竹节都能像原来那样吻合，那就证明是他本人或其代理人。到后来，改竹片而用木片或纸片等，并在上面加盖印记，而且是从印的中间切断使用，这种印就叫“骑缝印”。这里指言词与事实像符契一样吻合。

②徐：徐，静的意思。

③节：节度，法度。

④虚心平意：使内心很谦虚，使意念很开朗。

⑤以待倾：以备倾覆。

⑥主位：主要讲善守其位。

译文

作为君主，应始终保持安详、从容、正派、冷静，对人怀柔而有度。应善于让利于人，与世无争，并始终充满危机感。以上说的是君主摆正自己位置的原则。

解析

权力其实是一柄双刃剑。运用得好，可以造福于人；运用得不好，不但对人无益，还可能伤及自身。

寓言中说，老鼠和黄鼠狼的战争，总是以老鼠的失败告终。老鼠们在一起商量，认为它们的失败是因为没有将帅，于是它们举手表决，选出了几只老鼠做将帅。为了显示自己与众不同，这些将帅便在自己的头上绑一个犄角。战争又开始了，老鼠又输了。别的老鼠钻进老鼠洞，而那些将帅因为头上有犄角，卡到洞外，钻不进去，结果全部被黄鼠狼吃掉了。

那些把你拉入泥淖的东西，往往就是当初将你推向颠峰的东西。权力就是这样一种东西。正如故事中老鼠头上的犄角。权力对于人的诱惑永远不能消失，一个人权力在握时，对于金钱美色，即使不想要也难以拒绝。

虽然权力能给人带来诸多好处，但它最让人神往之处，莫过于它给予人的那份被众人拥捧的感受。人是虚荣的动物，当条件适合时，这种劣根性往往就会暴露无遗。

原文

目贵明，耳贵聪，心贵智。以天下之目视者，则无不见；以天下之耳听者，则无不闻；以天下之心虑者，则无不知。辐凑（còu）并进，则明不可塞。右主明[①]。

注释

①主明：主要讲察人之明。

译文

作为君主，眼睛要明亮，耳朵要灵敏，心灵要智慧。作为君主，若能借助全天下的眼睛去看，就没有什么看不见的；若能借助全天下的耳朵去听，就没有什么听不到的；若能借助全天下的心灵去思考，就没有什么不明白的。作为君主，若能集思广益，就能明察秋毫，无可闭塞。

解析

“兼听则明，偏信则暗。”作为统帅者，要了解集思广益的价值，不能闭目塞听，做一个孤家寡人。力拔山兮气盖世的霸王项羽，有万夫不敌之勇，最终却命丧乌江，其致命错误就是因为刚愎自用。在鸿门宴的时候，亚父范增屡屡示意项羽下决心杀掉刘邦，可项羽却认为刘邦势孤力单，不足为虑，结果就为自己的刚愎自用付出了生命的代价。

没有人不愿意听到赞美之词，所以很容易被过多的赞美所蒙蔽，看不到隐藏的真相。所以一个富有智慧的领导者，要善于听取各方面的意见和建议。

原文

听之术曰："勿妄而许之，勿妄而拒之①。"许之则防守，拒②之则闭塞。高山仰之可极，深渊度之可测。神明之位术，正静其莫之极欤！右主听③。

注释

①忽望而拒之：远远看见了就拒绝。

②拒：拒绝。

③主听：主要讲虚心纳谏。

译文

君主的"听"之术是：不要轻率许诺，不要轻率拒绝。若轻率许诺，就可能妨害自己的操守；若轻率拒绝，就可能闭塞自己的言路。仰望高山尚可看到顶，测量深渊尚可测到底，君主听术的公正沉稳则令人莫测高深。以上说的是君主听取意见的原则。

解析

"勿妄而许之，勿妄而拒之"，这是鬼谷子所赞赏的听术，也是每一个肩负领导使命的人应该切记的。对于他人的意见，不管是否合乎自己的心意，都应该慎重对待。尤其对别人的批评，更要做到"有则改之，无则加勉。"

做事时要向有经验的人虚心请教，因为实践是检验真理的惟一标准。不听忠言，最终是自食恶果。

至高无上的权力是人民给予的，如果失去了人民的支持，再大的权力也会化为乌有。周景王自己不能明白这个道理，手下的大臣向他指出来，又不能听从，最终加速了自己和国家的灭亡。

原文

用赏贵信，用刑贵正。刑赏信正，验①于耳目之所见闻。其所不见闻者，莫不暗化矣。诚畅于天下神明，而况奸者干君？右主赏②。

注释

①验：和证据互相对照，以便明了真相。

②主赏：主要讲罚赏必信。

译文

凡奖赏，最重要的是守信；凡刑罚，最重要的是公正。赏必信，刑必正，必须让臣民亲身见闻。对于那些没有亲见亲闻者，也有潜移默化的作用。君主的诚信若能畅达天下，连神明也会护佑，又何惧奸邪之徒干扰君主呢？以上是君主赏罚的艺术。

解析

“信”与“正”是赏与罚的关键所在。有功不赏，则无人思进取；有过不罚，则恶人将肆虐。赏、罚都要取信于民，使社会形成良好的风气。

历来名将都重视赏罚分明。《孙子兵法》中提出了“令之以文，齐之以武”的治军原则。这个原则历来为兵家所推崇。其核心思想是以政治道义教育士兵，用军纪军法来统一步调，使士兵服从将帅的指挥，这样的军队才能够打胜仗。

孙子主张奖与罚、宽与严并用，恩威兼施。即在官兵关系中，“官”对“兵”要有感情投入和切身关怀，另一方面，官兵关系必须受规章制度的约束，其中的意义非常明显。恩威并举、宽严相济，这正是孙子统军的基本思想。

原文

一曰天之，二曰地之，三曰人之。四方、上下、左右、前后，荧惑①之处安在？右主问②。

注释

①荧惑：即火星，这里引申为危险的迹象。

②主问：多方咨询。

译文

作为君主，一要问天时之吉凶，二要问地理之险易，三要问人情之顺逆。还要遍查四方、上下、左右、前后，看哪里有危险的迹象？以上是君主调查询问的原则。

解析

统御者必须摆正自己的位置，虚心地亲近群众，“从群众中来，到群众中去”。只有保持与民众的接触，才能更好地了解民众的真实想法，更好地管理国家和社会。

从古至今，各王朝的建立和颠覆，无不证明了民众在历史潮流中的巨大作用和不容忽视的地位。唐太宗把民众与统治比做是水与舟的关系，称“水能载舟，亦能覆舟”。先贤孟子也曾说过：“民为贵，君为轻，社稷次之。”由这些足见古人对民众力量的重视。

司马迁在《史记》中谈到这段历史，说“群臣人人自危，欲叛者众”。在古代，如果统治者不施仁义，只用强权压制臣民，造成人人自危的局面，就会有越来越多的人铤而走险，叛乱造反。可见，冒天下之大不韪是最愚蠢的。有些人凭手中的权力和地位嚣张一时，他的结局不会很光彩。就是有权有势如君主，也并不是天下的主宰，真正的主宰是道德、是公义。

原文

心为九窍①之治，君为五官②之长。为善者君与之赏，为非者君与之罚。君因其政所以求，因而与之，则不劳。圣人用之，故能赏之。因之循理，固能久长。因求而与，悦莫大焉。虽无玉帛，劝同赏矣。右主因。

注释

①九窍：窍是出入空气的小穴。人体上共有九个小穴，就是口、两耳、两眼，两鼻孔、二便孔等，但是通常都除掉二便孔而称为“七窍”。

②五官：古代五种重要官职。即司徒、司马、司空、司士、司寇。

译文

心是九窍的主管，君主是五官的领袖。凡做善事者，君主应给予赏赐；凡做坏事者，君主应给予惩罚。君主要根据臣下的政绩来决定任用，斟酌情况给予适当回报，这样就不会劳神。圣贤的君主这样做了，所以受到臣民称赞。只要能遵循客观规律，国家就能长治久安。根据所求而给予，会使对方喜悦至极。对臣民而言，虽无玉帛等贵重之物，君主的勉励也如同赏赐。以上是君主因人治国的原则。

解析

在所有的资源中，人才是最宝贵的一种资源。作为统御者，能做到“人尽其才”，事业才有希望。但是，人事安排是一项很困难的工作，需要花费精力去研究。

自古以来，人才就像千里马一样，必须有伯乐的赏识才行，有才之人不遇圣明君王也就不能发挥其用。才能不被明君赏识，这是很让人扼腕叹息的！有才之人不被任用，因而不能发挥作用，这是王之不明。实际上有才之人一旦被任用，所发挥出的功用不止是一人之幸。君王启用人才一定要善始善终，只有如此，国家民众才能长久受其功益。

附录1：有关鬼谷考

“鬼谷”以其浓重的神秘色彩撩拨着人们的好奇心，年复一年，代复一代，人们在探索着鬼谷秘密。《说文解字》：“人之所归为鬼。”《尸子》：“古者谓死人为归人。”《左传》：“鬼有所归，乃不为厉。”《礼运》：“元气归于天，形归于地，自儿而归于鬼也。”鬼字从“儿”，“儿”，古文写作人。“田”象鬼头，鬼为阴气贼害，故从“厶”。“厶”读为私，此说从“厶”之意。神阳鬼阴、阳公阴私。《正字通》：“鬼，人死魂魄为鬼。凡人皆阴阳之气形成。阴阳散而人死。初死前阴以绝，后阴未来，谓之中阴。通，谓之鬼。”《礼记》：“众生必死，死必归土，此谓鬼。”在古代，由于生产力水平低下，科学技术还不发达，人们对许多自然现象都不能作出正确的解释。比如对生命现象，对人的思维、记忆等现象都不得不进行愚昧的猜想。越是说不清的事，越需要找出一个玄而又玄的概念来麻醉自己。“鬼”字大概就是这样造出来的。人们把许多说不清的事物都称之为“鬼”。

在这些事物中，最难说清的就是人死了以后会怎样。于是便画了一个加大了头的人来代替它，作它的符号。与鬼有关的褒义词语有：鬼雄、鬼才、鬼斧神工、鬼设神施、神出鬼没等等。与鬼有关的贬义词语有：鬼黠、鬼气、鬼道、鬼态、鬼胎、鬼媚、鬼怪、鬼头鬼脑、鬼鬼祟祟、鬼使神差、鬼哭狼嗥、神模鬼样、鬼蜮伎俩、装神弄鬼等等。在历史上“鬼”这一概念的文化蕴含，并不全是消极的：比如形容苍颉造字的神奇非凡，就说“苍颉造之，鬼哭粟飞。”（刘勰：《文心雕龙》）形容干宝在志怪小说方面的成就就称他是“鬼之董狐”。李贺有奇诘之诗才，人称其为“诗鬼”，又称为“鬼才长吉”。“鬼”在这里泛指奇绝的智慧。“鬼”用于贬抑的时候居多：比如说某人行邪术，就说他是“挟鬼道”。说某人胸存恶意就说他心怀鬼胎。对那些干坏事的人也时常冠之以鬼，如“洋鬼子”“二鬼子”等等。“鬼”在这里多指邪恶奸诈。中国历史上有以鬼为姓的，如周代的鬼臾区，也有以鬼为名的，如战国时期有一隐者名叫徐无鬼。

中国的姓氏、名字不是简单的符号，而一般都有丰富的文化内涵。如姓李、姓杨都与对树木的图腾崇拜有关，姓牛、姓马又都与对牲畜的图腾崇拜有关。又如子耕、希文等名字又都与追求有关。而姓鬼和名鬼不知是何来源和有什么意义。据孟世凯先生考证中国古代有以“鬼”为族名的，其所居地以“鬼”名之。如鬼方，古注曰：鬼，远也；鬼方，言其幽味也。湖南天门山有一地名鬼者汛，其地势极险；唐代容洲（今广西）有鬼门关，该关有两石相对，被贬谪至此者难得生还。唐代的李德裕被贬到崖州（今海南省三亚市），路过此关时叹道：“崖州在何处，生度鬼门关。”在新疆哈密与吐鲁番之间有一驿站叫做鬼谷口避风驿。从这个古怪的名字就可以猜想出其自然环境何等恶劣。历史上还有一些以鬼字命名的书。有的人称这些书为鬼书，其实全是给人看的。如《周易鬼镇林》《宿曜录鬼鉴》《周易鬼衔算》《通幽鬼诀》等等。

总之，由于漫长的历史沉积，历史上确实存在着一种关于鬼的文化。鬼本来是不存在的，所以造成一种蒙昧的假象，完全是人们歪曲地反映客观实际的结果。鬼的观念都是依附于人的。在人的身边就存在着鬼。有些不光明正大的人就是鬼；这些人干不正当的事就是闹鬼。既然世界上有“鬼”，就不可不研究“鬼”，不能不治“鬼”，不能不打“鬼”。在鬼的文化中有几位打鬼英雄，如钟馗、秦琼、尉迟敬德等。鬼谷子是自号，既是自号，就是光明正大地称鬼的，因而一般说来它不是代表邪恶力量，而是奇绝智慧的“鬼”。在中国历史上号称鬼的人往往行人道，而满口仁义道德的人往往心毒手辣。“鬼谷”以其名字显示了浓重的神秘色彩，再加上历代附会的一些说法，使人如坠五里烟云。越是如此，越招惹人们的好奇心，古往今来，人们在不断地探索着鬼谷秘密。

一、鬼谷地名考

世传鬼谷先生所居之地有青溪，亦称清溪；又有鬼谷墟，亦称鬼谷虚。青溪、鬼谷墟是个什么样的境界？

《列子》说：“鬼者，归也。归其真宅。真宅，太虚也。”《红楼梦》第五回写贾宝玉神游时，也提到“清溪”和“太虚”。其中写道："那宝玉……跟着秦氏到了一处。但见朱栏玉砌，绿树清溪，真是人迹不逢，飞尘罕至。""宝玉……忽见前面有一座石牌横建，上书'太虚幻境'四大字。两边一副对联，乃是：假作真时真亦假，无为有处有还无。"鬼谷墟就是这样一个虚无飘渺的去处。在中国与"鬼谷"有关的地方有多处。这些地方是：陕西三原、河南登封、陕西韩城、河南淇县、河南汝阳、湖南大庸、湖北当阳、浙江宁波、新疆哈密。

《史记·苏秦列传》载："苏秦者，东周洛阳人也。东事于齐，而习之于鬼谷先生。"

南朝宋的裴骃在《史记集解》中引东晋学者徐广的话说："颍川阳城有鬼谷，盖是其人所居，因为号。"

唐代的司马贞在《史记索隐》中说："鬼谷，地名也。扶风池阳、颍川阳城并有鬼谷虚。盖是其人所居，因为号。"

唐朝的李吉甫在《元和郡县志》中说："鬼谷在告城县北，即六国时鬼谷先生所居也。"唐代的告城，即是裴骃和司马贞所说的颍川阳城。

宋代的王应麟在《玉海》中说："鬼谷，谷名，在洛州阳城县北五里。"有人认为洛州当是洛县，在今四川广汉县北，我认为可能是王应麟的一种循古泛称，当指古洛阳，即通常所说的颍川阳城。阳城鬼谷是怎样一个地方呢？

李白《送王屋山人魏万还王屋》诗中所说的鬼谷大概就是指这里。其诗说："西涉清洛源，颇警人世喧。采秀颐王屋，因归洞天门。揭来游嵩峰，羽客何双双。朝携月光子，暮宿玉女窗。鬼谷上窈窕，龙谭下奔潨。"李白在此提到了"清洛源"，又提到"王屋（山）"和"嵩峰"。看来这鬼谷与龙潭都是美的。

《史记·樗里子甘茂列传》所载苏代游说秦王的一段议论中又提到一个鬼谷。其中说："甘茂非常士也。其居于秦，累世重矣。自殽塞及至鬼谷，其地形显易皆明之。彼以齐约韩反以图秦，非秦之利也。""王不若重其贽，厚其禄以迎之，使彼来，则置之鬼谷，终身勿出。"

《后汉书·郡国志》中左冯翊郡池阳注引《地道记》说："山在北，有鬼谷。……按：《史记》鬼谷在颍川阳城，与地记不同。"（司马贞在《史记索隐》中对此提出了相反的看法："徐广云在阳城。刘氏云此鬼谷在关内云阳，是矣。"）

唐代的张守节在《史记正义》中说："刘伯庄云：'此鬼谷，关内云阳，非阳城者也。’按：阳城鬼谷时属韩，秦不得置之。”有些学者据此认为：鬼谷先生所居之鬼谷在关内云阳的说法更为有力。我以为这种理解欠准确。

司马迁仅指出了云阳鬼谷的地理位置，并没有指出只有这一个鬼谷。唐代的司马贞和张守节都指出有两个鬼谷，即“扶风池阳、颍川阳城并有鬼谷墟”，并借刘伯庄的话说，苏秦所说的鬼谷在关内云阳：“此鬼谷在关内云阳”“此鬼谷，关内云阳，非阳城也。”很明确，这里所说的鬼谷是指安置甘茂的鬼谷而不是指苏秦所求师的鬼谷。司马贞与张守节都依据刘伯庄之说。刘伯庄是唐初学者，贞观中为弘文馆学士，龙朔中授崇贤馆学士，曾著有《史记意义》《史记地名》，是研究《史记》地名最早的学者，其说是比较可信的。但他所要纠正的仅是裴骃关于置甘茂的鬼谷地理位置之说，而对徐广、裴骃所说苏秦求学，即鬼谷先生所居之鬼谷在颍川阳城之说并未提出不同看法，那么也可以说刘伯庄及司马贞、张守节是赞同徐广、裴骃之说的。因此，我认为关于苏秦、张仪就学之鬼谷的地理位置，还是以颍川阳城之说为最有力。云阳鬼谷又名清水谷。

宋代的乐史在《太平寰宇记》中说：“清水谷，一名鬼谷。昔苏、张师事鬼谷先生学即此谷也。”这一说法也不及前人诸说有力，据此推断苏张就学之鬼谷的地理位置也是根据不足的。

明《一统治》也称“扶风龙岗县亦有鬼谷先生所居，恐非秦事师处。”因此说扶风池阳鬼谷和关内云阳鬼谷都是指当年打算软禁甘茂的那个鬼谷，在今天陕西省三原县西北。

唐代贞观年间编纂的《隋书·地理志》中载：“冯翊郡韩城有鬼谷。”韩城本是古梁国，战国初属魏国。秦朝设置夏阳县，汉袭秦制。太史公司马迁为夏阳人，这个夏阳就是韩城。隋改为韩城县，其后虽有变迁，多称韩城。该城西北有龙门黄河古渡，县南芝川镇是司马迁的故里，可见在古代当地文化、经济都曾十分繁荣。

《隋志》载当地有鬼谷是可信的。此鬼谷可能与苏秦、张仪就学之鬼谷无关。司马迁出生韩城，可《史记》没有提到这里有鬼谷，或许是因其名声太小，或是当时尚无其名。这个鬼谷既载于《隋志》，至晚在隋代或唐初已有其名。既称鬼谷则极可能有隐士居其间，极可能受到鬼谷学说的影响。该鬼谷在今陕西省东部，黄河西岸，韩城县东。

据《后汉书·冯衍传》记载：冯衍曾作赋曰：“幽张仪于鬼谷”，唐李贤注云“鬼谷，谷名。即鬼谷先生所居，地在今洛州，洛阳城北。”

据《伊阳县志》记载：南宋金至宁元年《创修丹阳观碑记》称：“水帘洞为鬼谷子成道之处。”

明《汝州全志》引《广舆记》称：“鬼谷子尝隐此，俗传苏秦、张仪授书处。”

明正德年间《汝州志》载：“云梦山在伊阳县城南七里，相传鬼谷子修道处。”

明成化年间《河南总志》载：“云梦山在嵩县东九十里，昔鬼谷子游息于此，一名鬼谷山，前有水帘洞”。

清《一统治》：“云梦山在伊阳县东南七里，县志相传鬼谷子修道处。其北有水帘洞，悬崖石，洞阔数武，内穿一道，崎岖约二里许，洞口有涧隔之，一小石塔，自顶滴水下注。”

《河南通志》谓：“鬼谷子楚人，今伊阳县东南八里有石洞存焉。”

《伊阳县志》：“云梦山东南五里，鬼谷子隐处，苏、张授书于此。”

《伊阳县志》又载“观之东数百武，有鬼谷洞，传称其居清溪，得马篮水耶。”鬼谷村的鬼谷洞内，曾出土有东周青铜戈和后人供奉鬼谷先生的石碑。汝阳地区有许多，如孙膑洞、桃园宫、石八阵、说泪石、试剑石、演兵场、镇奸石、鬼谷墓等。当代学者陈昌远对汝阳鬼谷有专文论述，认为战国时的鬼谷子居处当为汝阳云梦山麓，清溪之滨的鬼谷村。

明嘉靖二十四年《淇县志》在介绍云梦山水帘洞时称：“世传鬼谷子隐居处”。现今该洞口上方仍有明万历年间窦文的摩崖题记，其文为盈尺魏碑横书“水帘洞”三个大字，其右为一行行书小字“鬼谷先生隐处”。

云梦山三清殿今存有清顺治年间何士琦《云梦山游记》碑刻，其中记有：“此山螭怒虬盘，幻异万状。水帘一洞尤极幽玄，乃鬼谷先生仙栖之处。”云梦山素有云梦仙境之称，以水帘洞最为有名。该洞位于九岭叠波的东段半山崖上，面北坐南，洞高 10 米，宽 6 米，进深 80 余米。石室深远，内有泉潭，洞口镌刻一副对联：“天开道眼，山透玄心。”泉水每每溢出，在洞外形成一道飞瀑，地涌天悬，啸声充谷。

正是：“乘云愿洒泉为雨，飞润阎浮四百州。”洞口右侧有鬼谷亭，亭额横刻着“战国军庠”四个大字。亭内塑有鬼谷子站像，手握兵法，目视乾坤。

亭柱上镶一副对联：“心存邪僻，任尔烧香无点益；身扶正大，见吾不拜有何妨。”

水帘洞正面有鬼谷祠，重檐凌空，雕梁画栋。

祠前对联是：“鬼谷三卷隐匡天上，兵家七国才出一门。”

鬼谷洞两边又有：王老圣母（即鬼谷子之母）洞、孙膑洞、庞涓洞、毛遂洞、仙牛（鬼谷子坐骑）洞等，又有鬼谷墟、舍身台、试心石。鬼谷祠下方之谷底有一清泉，甘沥清沏，四季涌流。泉水、飞瀑与涧水汇成一个小湖，名为清池，再由清池流出沿鬼谷形成清溪。自清泉起向北有五里峡谷，这就是幽深莫测的鬼谷，五里鬼谷时而壁立万仞，时而瀑落九天，阴风习习，鬼气森森。

鬼谷中段有一万仞石壁，如屏如鉴，在白底上似有如椽大笔涂成的斑斑墨迹，高深莫测。人称“无字天书壁”。云梦山西部是方圆数里的演兵岭。在云梦山东清水北岸有王禅墓。在淇县云梦山地区很多，虚虚实实、真真假假，别有情趣。鬼谷子在当地被当作济人利物，救难拔厄的神仙敬奉，据摩崖题字记载：在明代每日“伏首于祠下者，约以万计。”至今游人依然很盛。

《琴纂》说蔡邕曾人青溪寻鬼谷先生。东晋郭璞有《游仙诗》说青溪山中一道士自称鬼谷子。玩其诗意，看来不止是浪漫，也是实写。他在《登百尺楼赋》中也提到“招鬼谷之隐士”。这个青溪在晋代属临沮县境，归荆州所辖，《荆州记》载：“临沮县有青溪山，山东有泉，泉侧有道士精舍，郭景纯尝作临沮长，故《游仙诗》嗟青溪之美。”郭景纯，即郭璞。青溪也称清溪。

《水经注》：“水分县青山，山之东有滥泉，即清溪之源也，其水夺源东流，以源出青山，故以青溪为名，东流入沮水。”

明代嘉靖年间《重建大仙洞碑记》称：“清溪寺山后五里许，有大仙洞，系战国时鬼谷大仙披门先师修真之所。洞室深远莫测，中有龙潭。”

清代乾隆年间《重修清溪寺碑记》称：“青溪之名著自战国鬼谷子。山色青翠，不染纤尘，溪水清冷，可鉴佳丽，甲荆郡古今，称胜地焉。”

清同治年间《远安县志》载：“鬼谷洞在县南五十里，清溪寺迤西五里，洞门高阔，进数步有石龛，相传为鬼谷子讲《易》所。洞深不可测，内白蝠如鸦，层池如莲。洞前有玉皇阁，久废。窟中玉泉交流。《述冀记》、李太白皆云：‘古藤迷径，石浮滴池，蝙蝠车轮，千百盈室，先生晏然，研朱点《易》，门外纵横，其生不知。'”青溪之西有鬼谷洞，洞口宽阔，内高三丈余，上如覆釜，下面平坦，可容百余人。入口处有石虎一尊。在这里有许多美妙的传说，相传鬼谷子曾在此洞教徒授艺，相传鬼谷子的坐骑就是这个洞口的那只老虎。鬼谷洞东南四里处有棋盘山，上有三石，高丈余，方广如之，……其上石容数座，石纹如方卦，传说这是鬼谷子对弈处。

近代学者俞棪和杨家骆先生均借皇甫谧的话说鬼谷子为楚人，不知其所出何处。但这种说法可能与清溪鬼谷有关。清溪鬼谷一直是隐者栖身之地，蔡邕、郭璞访鬼谷子都曾到此便是说明。

明代的徐道在《神仙鉴》中说绛都市北，“有巫者王栩，山后人，归隐青溪谷中。”也是印证了清溪谷曾是隐者的栖身处。青溪鬼谷在今湖北省当阳附近。

唐代星命家李虚中在《命书·序》中说：“昔司马季主居壶山之阳，一夕雨余，风清月朗，有叟踵门，自谓鬼谷子。季主因与谈天地之始，论河洛之书，箕子九畴，文王八卦，探赜幽微造化，至晓，出遗文九篇，包括三才，指陈万物。”李虚中所说的司马季主是汉文帝时楚人，曾游学长安，卖卜市东。

司马季主所居之“壶山”当为“壶头山”，距长沙很近。在壶头山之北不远的澧水之滨有天门山，山下有鬼谷洞，这个洞“石室深远，下有清流”。传说鬼谷子也曾游居于此。授司马季主遗文九篇的鬼谷子可能就居于此洞。该洞在今湖南省大庸县境内。

《宁波府志》载：“鬼谷子居青溪之鬼谷，因以为号。战国时晋平公时人，姓王，名利，有弟子百余人。”世传鬼谷子曾游居宁波，宁波地区水网密布，许多小河都称溪，宁波的鄞县东有太白山，又有鄞江从县境流过，山青水秀，景色宜人。县内有鬼谷庙，庙前有黑水池，传说是鬼谷子洗砚处。太白山上又有鬼谷祠。该鬼谷遗迹在今浙江省宁波市。在北宋时期，西州回鹘境内有一个地方叫鬼谷口避风驿。这个地名与鬼谷先生的活动肯定无关，但这个名称则与鬼谷文化的影响有联系。这个口驿在天山山麓。很可能是一个环境恶劣的地方，其位置在今哈密和吐鲁番之间。鬼谷除作为地名以外它还是一种星名。

《史记·司马相如传》中引了司马相如的《大人赋》，其中有“径入雷室之砰磷郁律兮，洞鬼谷之堀垒崴魁”。裴骃解：“鬼谷在北辰下，众鬼之所聚也。”

《楚辞》中也有：“赘鬼谷于北辰。”所有这些都是说鬼谷星的位置。这实际上是寓人事于天文。可见鬼谷之名影响之大，已超出人世而波及星空。让我们回过头来，再归纳一下上述鬼谷的共同之处，会发现这些鬼谷都依山傍水，水中有山，山中有洞，并且都是水清山秀。

阳城鬼谷在颍水之滨，可“西涉清洛源”；云阳鬼谷在沮水之滨，又名清水谷，当时可能有清水从谷中流过；韩城鬼谷在河水之滨；汝阳鬼谷所之水古时亦称清溪，碧树清溪犹然辉映；淇县云梦山鬼谷有清水流过，此水又名清河；当阳鬼谷与另一条沮水相连，有青溪与之呼应；大庸鬼谷在澧水之滨，石室深远，下有清流。这些水，或是“清源”，或是“清水”，或是“清河”，或是“清溪”，或是“清流”，竟如此相似。连贾宝玉梦中的幻境也有“清溪”。贾宝玉神游的最后一处叫做“黑溪”。曹雪芹写道：“忽然至一个所在，但见荆榛遍地，狼虎同行，迎面一道黑溪阻路，并无桥梁可通。正在犹豫之间，忽见警幻从后追来，说：‘快休前进，作速回头要紧!’宝玉忙止步问道：‘此系何处?’警幻道：‘此乃迷津，深有万丈，遥亘千里，中无舟楫可通，只有一个木筏，乃木居士掌舵，灰侍者撑篙，不受金银之谢，但遇有缘者渡之。尔今偶游至此，设如坠落其中，便深负我从前谆谆警诫之语了。’语犹未了，只听迷津内响如雷声，有许多夜叉海鬼，将宝玉拖将下去，吓得宝玉汗下如雨，一面失声喊叫：‘可卿救我。’”曹雪芹笔下的“清溪”与“黑溪”自然是自己的理解与发挥，与鬼谷清溪不尽相合，但是曹雪芹基本上泄露了“清溪”“黑溪”的天机，道出了其中的秘密。

鬼谷学说与《红楼梦》一书都揉杂了浓厚的道家思想。道家特别讲究服食引导，讲究修心养性。因此，道家修真的场所都是气候宜人、环境优雅之处。此外，“清溪”还与学者们的活动和著述有某些联系。宋代的王弥大把自己的兵书称为《青溪弄兵录》；宋代的方勺为自己的兵书命名为《青溪冠轨》，又有《青溪暇笔》《青溪漫稿》等著作。

二、鬼谷身世考

鬼谷先生，也被人称为“鬼谷子”“鬼谷神生”和“鬼谷生”。传说他姓王，名诩（一作栩，又作詡）。民间又传其姓王，名禅，尊其为王禅老祖。鬼谷子是一个具有浓重神秘色彩的人物。为此，引得许多文人雅士苦心考究。但是，时至今日，鬼谷先生为何人，仍是一个未解之谜。现今保存下来的先秦典籍中没有关于鬼谷先生的记载，最早提到鬼谷先生的是西汉司马迁，他在《史记·苏秦列传》中说，苏秦“东师事于齐，而习之于鬼谷先生”。

司马迁在《史记·张仪列传》中又说，张仪“尝与苏秦俱事鬼谷先生学术，苏秦自以不及张仪”。

司马迁《史记·太史公自序》中有：“圣人不朽，时变自守”句，唐代的司马贞在《史记索隐》中说：“此出《鬼谷子》，迁引之。”《史记》是比较可靠的史料，司马迁在写作《史记》时是有文献依据的。司马迁在提到鬼谷先生时，语气十分肯定，并引了《鬼谷子》一句话。

可见司马迁不但知道鬼谷子一些事迹，还可能见过《鬼谷子》一书。《史记》大约成书于公元前104——公元前91年。因此可以说至少早在公元前二世纪鬼谷先生已经是一个知名人物。

西汉的刘向在《说苑》中引用了鬼谷子的话，并称之为“鬼谷子曰”。可见鬼谷先生已经是人们心目中的重要人物，他的学说已经流传，刘向所引可能节自鬼谷先生的著作。刘向生活在公元前77—公元前6年，因此说至少早在公元前一世纪已有鬼谷子学说流行。

西汉的扬雄在《法言·渊骞》中也提到了鬼谷子：“或问‘仪、秦学乎鬼谷术，而习之乎纵横言，安中国者各十余年，是夫?’曰‘诈人也，圣人恶诸。’”扬雄是记述一次讨论，或以讨论的形式来说明道理，无论是哪种情况，都说明当时人们知道鬼谷子是苏秦、张仪的老师，而且是纵横家的师祖。

东汉的王充在《论衡·明雩》中说：“苏秦、张仪悲说坑中，鬼谷赤生泣下沾襟。”

在《论衡·答佞》中说：“佞人自有以诈人，及其说人主，须术以动之。犹人有勇威，及战斗，须以兵法以进众。术则纵横，师则鬼谷也。”在汉代仍有专门学纵横术的人，司马迁在《史记》中说，主父偃学纵横术。

王充认为说人主也要学纵横术，并指出纵横术的祖师爷是鬼谷先生。可见在汉代已有鬼谷先生为纵横家鼻祖的说法。王充在《论衡·答佞》中还记载了一个关于鬼谷先生的传说：“苏秦、张仪纵横习之鬼谷先生，据地为坑曰：‘下说，令我泣；出则耐分人君之地。’苏秦下说。鬼谷先生泣下沾襟。张仪不若。”王充在这里已指明这是个传说，可见鬼谷子事迹在当时已经被演绎为传奇故事。汉魏时代的蔡邕，曾赴青溪寻访鬼谷先生，《琴纂》中记了这件事。蔡邕博学多才，对于汉代及以前的文献都很有研究，对司马迁、刘向、扬雄、王充的著述都有研究。他对“仪、秦学乎鬼谷术”的事肯定有所了解，那么他去寻访鬼谷子，首先就是对鬼谷学说感兴趣。同时他也是去访当时号称鬼谷子的鬼谷传人。

魏晋时期的皇甫谧曾注《鬼谷子》一书，《太平御览》中所引《鬼谷子》有注文，其注释内容与陶弘景注截然不同，从内容来看似乎比陶注更早，这可能就是从皇注中引出的。

皇甫谧生活在公元215—282年，自号玄晏先生，好读书、钻医学、著述丰厚。其风格与传说的鬼谷先生及注《鬼谷子》的陶弘景类似，因此说他注过《鬼谷子》是可信的，说他研究过鬼谷学说更是不成问题的。东晋的郭璞《游仙诗》十四首，其中有一部分提到鬼谷子，诗中说：“青溪千万仞，中有一道士，云生梁栋间，风出窗户里。借问此何谁，云是鬼谷子。”

郭璞在《登百尺楼赋》中又提到鬼谷子，其中写道：“异传岩之幽人，神介山之伯子。揖首阳之二老，招鬼谷之隐士。”郭璞诗中所提到的“青溪”，在临沮县境内，当时郭璞为临沮长，尝游于青溪，青溪西有鬼谷洞，传说鬼谷子曾在此居住并讲学。从郭璞的诗赋中可以看出，他知道鬼谷子的传说，并把鬼谷子称为世外高人。他《游仙诗》中的“云是鬼谷子”和在《登百尺楼赋》中所提到的“鬼谷之隐士”可能是当时生活在青溪鬼谷洞中的鬼谷信徒。这些人身居青溪鬼谷，研究传授鬼谷学说，自称鬼谷子。郭璞的诗赋在一定程度上印证了关于蔡邕赴青溪寻访鬼谷子的说法。

魏晋时期前秦的裴骃在《史记集解》中说：“徐广曰‘颍川阳城有鬼谷，盖是其人所居，因为号。’案：《风俗通义》曰：‘鬼谷先生，六国时纵横家。’”裴骃的集解多采用先儒成说。

裴骃所引《风俗通义》是汉末学者应劭所撰。该书主考释、议论名物和时俗，其中所谈鬼谷先生身世是比较可信的。

裴骃所引徐广的话也是可信度较高的，徐广是晋朝人，其家世好学，至徐广学问犹为精深，百家散术他无不钻研，著有《车服仪注》《晋纪》等书，并写下《答礼问》百余条。

裴骃借这些先儒的成说为《史记》注释是比较有权威性的。

东晋的王嘉在《拾遗记》中叙述了一段有关鬼谷子的故事。故事说：“张仪、苏秦二人同志好学，……尝息于大树之下，假息而寐，有一先生问二子：‘何勤苦也?’仪、秦又问之：‘子何国人?’答曰：‘吾生于归谷，亦云鬼谷子’。……乃请其术，教以干世出俗之辩。即探胸内得二卷说书，言辅时之事。”这个故事说明在晋代已有了。

梁武帝萧绎在其所编的《金楼子》中也提到鬼谷子，说“秦始皇闻鬼谷先生言，因遣徐福入海求金菜玉蔬。”《太平御览》所引《仙传拾遗》中也提到秦始皇派徐福入海寻不死草之事。《金楼子》的记载说明，在梁代鬼谷先生已被传为神仙。

《隋书·经籍志》纵横家类著录有《鬼谷子》，在兵家类著录有《鬼谷先生占气》纵横家类又注曰：“鬼谷子，周世隐于鬼谷。”这是正史中第一次正面记叙鬼谷子身世的文字。

《隋书》编于唐朝贞观初年，其中对鬼谷子的认识也是唐人的见解。

唐代学者李善在《文选》注中提到了《史记》关于“苏秦东事师于齐，而习于鬼谷先生”，又提到徐广的成说。他还引《鬼谷子序》说：“周时有豪士隐于鬼谷者，自号鬼谷子，言其自远也。然鬼谷之名，隐者通号也。”李善注《文选》引用了大量的古书，这些书今天所能见到的已经很少。他在这里所引的《鬼谷子序》尚不能确知是谁的作品。李善生活年代略早于尹知章，因此，不可能是尹知章为鬼谷子作的序；今存陶弘景注《鬼谷子》无序，因此，也不大可能是陶弘景序。所余只有皇甫谧注本和乐一注本。如果说是皇甫谧序无所依据，而李善注《文选》时曾引一句乐一注。其原文是：“鬼谷子曰：‘物有自然’。乐氏曰：‘自然，继本名也’”。

从这一点可以看出李善所用的《鬼谷子》很可能是乐一注本。此外，马总《意林》中所择录的《鬼谷子》，马总明确标出是：“乐氏注，名壹”。而马总的按语中有“周时有豪士隐者居鬼谷”句，又有“鬼之言远”一说。这些与李善所引《鬼谷子序》中的话相近。比较分析，基本可以认定李善所引《鬼谷子序》是乐一注本的序。如果这一认定成立的话，那么李善所引《鬼谷子序》中对鬼谷先生身世的介绍及对“鬼谷之名，隐者通号”的说明也是权威性的。唐代尹知章在《鬼谷子序》中说：“此书即与苏秦、张仪者，……秦、仪复往见时，先生乃正席而坐，严颜而言，告二子以全身之道。”此说引自王应麟《汉书·艺文志序》。《旧唐书》和《新唐书》都著录有尹知章注《鬼谷子》。看来，尹知章认为鬼谷子是确有其人的。唐代柳宗元认为“鬼谷子后出”，并写了《鬼谷子辩》，对鬼谷先生的有无采取不屑一顾的态度。唐代元和年间李吉甫著《元和郡县志》，其中提到鬼谷，并称“即六国时鬼谷先生所居。”肯定鬼谷子是六国时人。

唐代元和年间马总在其所编《意林》中给《鬼谷子》一书加的

按语说："其书曰：'周时有豪士隐居鬼谷，自号鬼谷先生。无乡里族姓名。'"马总接着写道："此苏秦作书记之也，鬼之言远，犹司马相如假无是公云尔"。看来马总所依据的书是乐一注本。乐一注本中有"周时有豪士隐者居鬼谷，自号鬼谷先生，无乡里族姓名"句，马总可能因此说这是苏秦作的书，并说明命名鬼谷是因为"鬼之言远"，就像司马相如的"子虚乌有"一样。唐代的司马贞在《史记索隐》中引《乐一注鬼谷子》说："苏秦欲神秘其道，故假名鬼谷"。司马贞之说不知是否有实据，李善和马总似乎都用乐一注本，两书对乐一叙鬼谷先生身世的复述相差无几，其中都没提到乐一关于鬼谷子一书是"苏秦为神秘其事，故假名鬼谷"的说法。司马贞可能把马总的注误认为是乐一注了。正统道藏本中马总的按语是这样的："其书云：'周时有豪士隐者居鬼谷，自号鬼谷先生，无乡里族姓名'。"接下去是小字："此苏秦作书记之也，鬼之言远，犹司马相如假无是公云尔。"前面的大字从其语气看不会是《鬼谷子》原文，可以肯定是乐一的注文，马总的"其书云"是指乐一的注云。大字之后的小字是对大字的说明，那么它一定是马总的按语。即使乐一确有"鬼谷子是子虚乌有"之说，以它来证明鬼谷子是个虚构人物也是不充分的。

在唐代李白诗《送王屋山人魏万还王屋》和陆龟蒙的诗说鬼谷先生名詡。五代十国时期后晋张昭远、刘昫等编纂的《旧唐书·经籍志》和宋代欧阳修、宋祁等编纂的《新唐书·艺文志》中都称《鬼谷子》的作者为苏秦，两书大概都是受马总和司马贞之说影响。

五代十国时期后蜀的杜光庭在《录异记》中说："鬼谷先生者，古之真仙也，云姓王氏，自轩辕之代历于商周，随老君西化流沙，洎周末复还中国，居汉滨鬼谷山。受道弟子百余人。"在这里鬼谷先生显然是被神化了。神化到了荒谬的地步。

宋代李昉等编的《太平御览》中有："鬼谷子曰：'周有豪士，居鬼谷，号为鬼谷先生'。"从其口气看这句引文也不会是《鬼谷子》原文，而应是某注本的注文。这一注本的说法与乐注有两点相同，一是都认为鬼谷子是豪士，二是都说因居鬼谷而自号。或许李善、马总、李昉所引本都是乐一注本，这也是可能的。

宋代李昉等编的《太平广记》说"鬼谷先生晋平公时人。隐居鬼谷，因为其号，先生姓王名利，居青溪山中，……先生凝神守一，朴而不露，在人间数百岁，后不知所之。"这些显然是后人编造的神话。

鬼谷子

宋代晁公武在《郡斋读书志》纵横家类中说："按《史记》，战国时隐居颍川阳城之鬼谷，因以为号。长于养性治身。苏秦、张仪师之，受纵横之事。"宋代郑樵编的《通志·艺文》纵横家类认为："鬼谷先生，楚人也。生于周世，隐于鬼谷。"宋代马端临的《文献通考》综合了各家关于鬼谷子的说法。

明代宋濂在《诸子辩》中说："鬼谷子无姓名，里居。战国时隐居颍川阳城之鬼谷，故以为号，或云王诩（诩一作诩）者，妄也。长于养性治身。苏秦、张仪师之。"明代李杰在《道藏目录详注》中说："鬼谷先生，晋平公时人，姓王名栩，不知何许人，受道于老君。"明代的徐道在《神仙鉴》中称鬼谷子为巫人，其中写道："绛都市北，有巫者王栩，山后人"，"归隐青溪谷中"。明代的冯梦龙在《东周列国志》中，对鬼谷子的身世作了如下演义："却说周之阳城，有一处地面，名曰鬼谷。以其山深树密，幽不可测，似非人之所居，故曰'鬼谷'。内中有一隐者，但自号曰'鬼谷子'。相传姓王名栩，晋平公时人。在云梦山与宋人墨翟一同采药修道。……其人通天彻地，有几家学问，人不能及。"

清代乾嘉学派的学者们在考据《鬼谷子》一书时也涉及到鬼谷子事迹，但与前面所引大同小异。民国时期的俞棪又专写了一篇《鬼谷子先生事略》，其中对历代各说作了综合和评价，提出了比较客观的看法。但时至今日对鬼谷子身世的研究仍是很不够的。以上所引关于鬼谷子身世的一些论述，大体可分为五种观点：第一种观点认为鬼谷子确有其人，生活在战国时代，比张仪、苏秦略年长。这一说的主要代表著作是《史记》。其他类似说法多是从此发挥出来的。第二种观点认为鬼谷子是一个虚构人物，似子虚乌有。是苏秦为神秘其事造出来的影子。《史记索隐》是这一观点的始作俑者。《意林》《旧唐书》《新唐书》等书所持的类似观点都是从《史记索隐》或《意林》中发挥出来的。第三种观点认为鬼谷先生是位神仙，是一个超越时空力量的化身。最早持这一说的是《金楼子》，其后出现的《录异记》《太平广记》《道藏目录详注》等都持这种观点。这一说法是人们把一些高人神化的结果。其神位及神力无疑是道家、仙家们演绎出来的，是荒诞的。第四种观点认为鬼谷子就是传说中的黄帝之臣，占星之官鬼臾区，即大鸿。《郊祀志》中说："黄帝得宝鼎，冕侯问鬼臾区。"注云："即鬼容区。"凌扬藻在《蠡勺编》中说："杨升庵谓容臾声相近，今鬼谷即鬼容者，又字相似而误也。"第五种观点认为"鬼谷子"是隐者的通号。唐代的李善在注《文选》时说："鬼谷之名，隐者通号也”。

在上面所述各观点中，我们可以看到一个共同的现象：越是接近鬼谷先生时代的人对鬼谷事迹说得越粗略，而越是远离那个时代的人，对鬼谷的事迹似乎知道得很多。这说明许多细节都是后人杜撰的，因此才越积累越多。对鬼谷子事迹论述的另一个有趣的现象是：在汉、三国、魏晋南北朝时期，学者们对鬼谷子是一个实在人物，曾教苏秦、张仪学纵横术，并生活在战国时代，几乎没有持怀疑态度的；而只是在唐代才出现怀疑，此种观点还曾一度占主要地位。而自此以后肯定派与怀疑派就开始各持己见，至今争论不已。现代海内外出版的一些著述中，无不对鬼谷先生的事迹加以考证。一些辞书中也对鬼谷子的事迹作了简要介绍。这些成说都是有各自的道理的，都是可供参考的。但是人们无不感到史料太少，证据不足。这种状况告诉我们，鬼谷先生事迹还有待深入考证，系统研究，同时也有待新的史料的发现和对已有史料的发掘。1973 年长沙马王堆三号汉墓中出土了一部类似《战国策》的帛书。其中有百分之六十的内容不见于《史记》和《战国策》，许多学者认为其中一些文字可能就是《汉书·艺文志》中提到的《苏子》的一部分。这一发现在一定程度上动摇了认为鬼谷子就是苏秦的看法。另外，从帛书的内容看，也充实了有关纵横家的可靠史料。纠正了司马迁在《史记》中的一些错误记载，排除了由其引起的一千多年来的误解和疑惑。如苏秦与苏代谁年长的问题，苏秦的生卒时间问题，苏秦与张仪谁的活动在先的问题。根据新发现的帛书证明，苏代、张仪都是早于苏秦的纵横家，而苏代为苏秦的兄长（与《史记》所记相反）。这一点说明在苏秦进行游说活动以前已经有了比较成熟的纵横学说，又加上春秋战国时期隐士很多，纵横术不可能不被某些隐士作为研究对象。

史书中所说的鬼谷先生就应当是这样一个隐士。在苏秦之前就应有人学纵横术。司马迁说张仪就学于鬼谷先生，很可能是有所依循才写出的。那么，在苏秦之前已有人就学于鬼谷先生，也就是说苏秦不能是纵横家的创始人，也不能是鬼谷先生。另外，依春秋战国时的习惯，一种学说并不成书于一人。而多是由老师讲、弟子记录，并整理、传播而后形成的。

因此，如果说苏秦的活动是鬼谷子学派的全盛时期的话，那么创立这一学说更需要有前辈人铺垫。苏秦有不少游说辞留于后世，帛书中又见十余篇。史书曾提到《苏子》三十一篇。史料证明苏秦已是一位学问很深的纵横家，他一定投过名师，一定借鉴过别人的纵横之术，其师就应是“鬼谷先生”。苏秦不过是最能理解和应用鬼谷术的高手，是鬼谷子学说的集大成者。综合历代各家之说，通过对各类史料的分析、比较和研究，我们可以对鬼谷先生作如下概括：鬼谷先生是战国时期一位世外高人、一位隐士。其生活年代比张仪、苏秦略早，专门研究纵横术。张仪、苏秦都曾受到他学说的影响。他不可能是位有超人能力的神仙，也不可能活数百岁，而是一个实实在在有智慧的凡人。另一方面，“鬼谷子”之名也是隐士们自谓的通号，许多学鬼谷术的人都以鬼谷子自称。所谓鬼谷子姓王名诩，可能就是一个学习鬼谷学说、姓王名诩的人自称鬼谷子。《李虚中命书》中所说的汉初司马季主所遇鬼谷子，蔡邕寻访的鬼谷子，郭璞所说的鬼谷子，《天髓灵文》中所说的“水帘洞主鬼谷子”，云梦山鬼谷洞口刻石中所说的鬼谷子，可能都是当时的隐士。明清时期，一些星命先生自称鬼谷弟子，台湾陈英略先生称带他在云梦山修道的老师黄鹤老人为鬼谷子第八十一代掌门人，自称是鬼谷子第八十二代掌门人。其实鬼谷子本身并不神秘，神秘都是人为的。我们应当破除一切迷信、荒诞的东西，揭开鬼谷子玄幽、神秘的外衣来研究鬼谷子学说，来研究纵横家的智谋。

三、鬼谷著述考

《鬼谷子》是一部颇有争议的书。迄今为止，人们对此书的作者、成书年代、性质及作用还争论不休。汉代的图书总目——《汉书·艺文志》没有著录此书。隋唐以后始见著录。《隋书·经籍志》纵横家类录有：《鬼谷子》三卷（皇甫谧注）；《鬼谷子》三卷（乐一注）。《旧唐书·经籍志》载：《鬼谷子》二卷（苏秦撰）；又三卷（乐一注）；又三卷（尹知章注）。《新唐书·艺文志》载：《鬼谷子》二卷（苏秦撰）；乐一注《鬼谷子》三卷；尹知章注《鬼谷子》三卷（尹知章不著录）。《中兴书目》载：《鬼谷子》三卷，周时高士，无乡里、族姓、名字，以其所隐自号“鬼谷先生”。苏秦、张仪事之，授以《捭阖》下至《符言》等十有二篇，及《转圆》《本经》《持枢》《中经》等篇，亦以告仪、秦者也。一本始末皆东晋陶弘景注，一本《捭阖》《反应》《内揵》《抵巇》不详何人训释，中、下二卷与陶弘景所注同。《宋史·艺文志》载：《鬼谷子》三卷。《通志·艺文略》载：《鬼谷子》三卷（皇甫谧注）；又三卷（乐一注）；又三卷（唐尹知章注）；又三卷（梁陶弘景注）。《通考·经籍志》载：《鬼谷子》三卷。

《二十五史补编·〈汉书艺文志〉考证》纵横类载：《鬼谷子》三卷，（乐一注）。陈振孙《书录解题》说：“《鬼谷子》三卷；战国时苏秦、张仪所师事者，号‘鬼谷先生’，其地在颍川阳城，名氏不传于世。此书《汉志》亦无有，隋唐志则直以为苏秦撰，不所考也。《隋志》有皇甫谧、乐一二家注，今本称陶弘景注。又云：按《唐书·艺文志》作二卷。”钱曾《读书敏求记》说：“陶弘景注鬼谷子三卷；鬼谷子无乡里、族姓、名字，战国时隐居颍川阳城之鬼谷，故以为号。其《转丸》《胠箧》二篇今亡，贞白先生曰：或云即《本经》《中经》是也。”关于《鬼谷子》一书的作者，主要有三种说法：一是说周鬼谷子撰；一是说战国时苏秦撰；一是说六朝时某好事者的伪作。认为鬼谷先生是作者的主要根据是《隋书》的著录。但是由于《汉书》未著录，再加上鬼谷先生身世不详，使这一说法显得根据不足。认为苏秦是作者的主要根据是《史记正义》中引乐一注《鬼谷子》的话：“秦欲神秘其道，故假名鬼谷。”又《新唐书》直题苏秦撰。这一说法的主要代表是宋代的王应麟，他在《玉海》中又引《战国策》说：“苏秦得‘太公阴符之谋’伏而诵之，简练以为揣摩，期年揣摩成。”而《鬼谷子》中有《揣》篇和《摩》篇。以此，王应麟断言《鬼谷子》“乃苏秦书”。明代的胡应麟在《少室山房·笔丛》中说：“隋志有苏秦三十一篇，张仪十篇，东汉人荟萃二书之言以为此，而托于鬼谷，若子虚亡有之属。”还有人提出：“《汉书·艺文志》著录《苏子》三十一篇，而其中不录《鬼谷子》”；由此“可推现行本《鬼谷子》是《苏子》三十一篇中的一部分”，并认为“这几乎已经成为学术界的定论。”上面这种说法在当时是有道理的，但是当马王堆帛书出土之后，这种说法就很难成立了。帛书的内容证明了苏代和张仪都是年长于苏秦的纵横家。苏代和张仪的游说活动要比苏秦早二三十年。也就是说在苏秦成名以前或其著述《苏子》以前社会上已经有了比较成熟的游说辞。可以推定在张仪、苏代从事游说活动的年代已经有了初步的《鬼谷子》一类的著作。苏秦是纵横家理论与实践的集大成者，根据春秋战国时期百家学说形成发展的一般规律，纵横家的学说也一定经历了由简单到复杂的过程。也就是说，在苏秦之前《鬼谷子》的主要内容已经形成并为纵横家们所遵循和发展。从马王堆出土的纵横家书来看，其中的苏秦书更像《苏子》的一部分内容，其风格与《鬼谷子》是有差别的。另外，苏秦曾简练的“揣摩”与《鬼谷子》暗合，也不能证明什么。因为《史记》还提到《虞氏春秋》中也有“揣摩”。阮元认为这是“游说者之通语”。

因此，以苏秦曾为“揣摩”而断其为《鬼谷子》的作者是说不通的。认为《鬼谷子》是伪书的主要理由是：《鬼谷子》一书始著录于《隋书》，并称为周代鬼谷先生撰，给人以“后出”之感。清代的姚际恒在《古今伪书考》中断定：《鬼谷子》是出于六朝时某好事者之手，是一部托古伪作。这一说法的根据也是不充分的。因为《鬼谷子》虽不见于《汉书》，但在西汉刘向所编的《说苑》中曾出现“鬼谷子曰”的说法。《史记》也提到张仪、苏秦曾就学于鬼谷先生。此外汉代的扬雄、王充也提到过鬼谷子与苏秦、张仪的师生关系。

春秋战国时，诸子百家的创始人的学说多由其弟子记述整理而成。既然如此，那么对《隋书》中出现“周鬼谷先生”的著述就不应感到突然了。《汉书》未著录自会有其他原因。这原因可能是由于纵横之术多属“阴谋”，其书也多为秘书，故很少传世。马王堆出土帛书中的纵横家书不见传本，也可为之佐证。高似孙说：阴谋诡秘的《金匮》《韬略》都不可得知，鬼谷尽得而泄之，其亦为一代之雄乎？阮元在为《鬼谷子》作跋时也说《鬼谷子》是纵横家独存之子书。因此，只因正史著录较晚而断其为伪书未免过于武断。综合分析历史记载和新发现的史料，我们似可以推论：《鬼谷子》一书奠基于战国时某隐士，经苏代、张仪一类纵横家的丰富充实，成熟于苏秦时代。因是秘书，世虽有所闻，但很少有人能见全书。至陶弘景、乐一时方传于世，故《汉书》未著录而《隋书》著录。此外，阮元从音韵学方面对《鬼谷子》真伪的分析还是很有说服力的。他说《鬼谷子》中“多韵语，又其《抵巇》篇曰：巇者，罅也。读巇如呼，合古声训字之义，非后人所能依托。”

对《鬼谷子》一书的评价，自古异说并存，褒贬悬殊。继战国时代的一些纵横家之后，首先是南北朝的陶弘景厚爱《鬼谷子》。陶弘景是南朝齐梁时期有名的世外高人。他博览群书，工草隶，善琴棋，好道术，明阴阳，懂医药，熟兵法，知天文地理。齐高帝时拜左卫殿中将军，入梁，隐居于句曲山中，号“华阳真人”。梁武帝时礼聘不出，朝廷大事，常常到山中向他咨询，当时人把他视为“山中宰相”。他死后被谥为“真白先生”。陶弘景的身世、爱好与传说的鬼谷先生有某些类似，这或许是一种巧合，但更可能是一种文化和学术的遗传。陶弘景曾造有“浑天象”，注释过《本草》，著有《帝代年历》《养生延命录》《古今刀剑录》《真诰》《真灵位业图》。其所注

《鬼谷子》，不止是文字释义，而且有点评、发挥。从中不难看出他对《鬼谷子》的厚爱。首先对《鬼谷子》一书发难的是唐代政治家、文学家柳宗元。他在《鬼谷子辩》中写道："元冀好读古书，然甚贤《鬼谷子》，为其指要几千言。《鬼谷子》要为无取，汉时刘向、班固录书，无《鬼谷子》，《鬼谷子》后出。而险盭峭薄，恐其妄言乱世，难信。学者宜其不道。而世之言纵横者，时葆其书。尤者，晚乃益出'七术'怪谬异甚，不可考校。其言益奇，而道益狭，使人狙狂失守，而易于陷坠。幸矣！人之葆之者少。今元子又文之以《指要》，呜呼！其为好术也，过矣！"从柳宗元的文中也可以看出"元冀"也很喜欢《鬼谷子》。晁公武在《读书志》中也对《鬼谷子》持否定态度。他先引柳宗元之语，又引来鹄的话说："《鬼谷子》昔教人诡绐、激讦、揣测。险猾之术，悉备于章旨。六国时得之者，惟仪、秦而已。如《捭阖》《飞钳》，实今之常态，是知渐漓之后，不读《鬼谷子》书者，其行事皆得自然符契也。"并说："昔苍颉作文字，鬼为之哭，不知鬼谷作是书，鬼复何为耶？世人欲知《鬼谷子》者，观二子言略尽矣。"

宋代的高似孙在《子略》中高度评价《鬼谷子》，其中写道："战国之事危矣，士有挟隽异豪伟之气，求聘乎用。其应对酬酢、变诈激昂，以自放于文章，见于顿挫、险怪、离合、揣摩者，其辞又极矣。《鬼谷子》书，其智谋、其数术、其变谲、其辞谈，盖出于战国诸人之表。夫一辟一阖，易之神也；一翕一张，老氏之几也。鬼谷之术，往往有得于阖辟、翕张之外，神而明之，益至于自放溃裂而不可御。予尝观诸《阴符》矣，穷天之用，贼人之私，而阴谋诡秘有《金匮》《韬略》之所不可该者。而鬼谷尽得而泄之，其亦一代之雄乎？"

明代的胡应鳞却对高似孙予以抨击："高似孙之辈取而遵信之(指《鬼谷子》)，近世之耽好者，亦往往如是。甚矣哉，亦易入人邪说。"

明代的宋濂也激烈否定《鬼谷子》一书，曾写道：鬼谷子所言之捭阖、钩钳、揣摩之术，"皆小夫蛇鼠之智。家用之，则家亡；国用之，则国偾；天下用之，则失天下。学士大夫宜唾去不道。"

《鬼谷子》一书自传世以来，时而被奉为"神明""人表"，时而被当作洪水猛兽。这极褒、极贬的遭遇，可以看出它不是一部等闲之作，说明它已经对社会发生过深刻影响，时至今日其作用依然如故，已经引起了海内外一些学者的极大关注。所有这些都说明《鬼谷子》

确实是一部奇书。

《鬼谷子》的版本有：正统道藏本、子汇本、十二子本、二十子本、绵眇阁本、崇德书院本、钱遵王抄本、守山阁本、苏州文氏藏明蓝格抄本、武进庄氏本、抄补道藏本、百家全书本、鲍以文校本、湖北先正遗书本、古书丛刊本、扫叶山房本、明临安高氏刻高金体评本、四库全书本、乾隆五十五年江都秦氏刊陶弘景注道藏本，嘉庆十年江都秦氏重刻陶弘景注三卷本、卢抱经述古旧抄补道藏本、子书百种本、指海本、人人文库本、四部丛刊本、丛书集成本等。

历代附会和伪托的鬼谷子著作有：《鬼谷先生占气》一卷、《关令尹喜内传》一卷、《鬼谷还丹歌》一卷、《鬼谷先生射覆歌》一卷、《阴符经鬼谷子注》《鬼谷先生五命》一卷、《李虚中命术》一卷、《李虚中命书》一卷、《李虚中命书补遗》一卷、《鬼谷子观气色出相图》一卷、《鬼谷子天髓灵文》二卷、《鬼谷子天甲兵常穰术》三卷、《鬼谷子风云气候诀》一卷、《周道神境鬼谷林》一卷、《鬼谷经》一卷、《李虚中命书格局》二卷、《鬼谷子白虎经》一卷、《鬼谷子辩养马论》二卷、《鬼谷子分定经》《鬼谷神数》等。

四、从马王堆帛书看《鬼谷子》真伪

随着大量战国秦汉简牍帛书的出土，不仅使人们直接看到当时书籍的真实面貌，而且还影响到对一些小、少传世古书的认识。三十年代世界书局编辑印《诸子集成》，其《刊行旨趣》所刊“伪托周秦诸子”，有些已被证明不伪或部分不伪，如《六韬》《鹖冠子》《尉缭子》《文子》等，即是显例。《鬼谷子》长期以来是一部公认的伪书。唐代柳宗元首先提出，汉代刘向《别录》、班固《汉志》无《鬼谷子》，其书后出，“恐其亡言乱世难信”随之很多学者加以怀疑，上述《诸子集成刊行旨趣》称《鬼谷子》“《汉志》无，至《隋志》始书录，系南北朝人伪作”，不予收录，代表了学术界一般的见解。

最近这几年虽然有很多关于《鬼谷子》的作品，包括厚达690页的《鬼谷子全书》，多着眼于书中谋略，未能改变伪书的定谳。长沙马王堆汉墓帛书发现后，唐兰先生曾指出《鬼谷子·符言》有与帛书文字共通之处，但没有进一步讨论。按：前人余嘉锡《古书通例》早已说明，《鬼谷子》的《符言篇》即《管子》杂篇中的《九守篇》，何如章《管子篇析疑》还讲：“《鬼谷子》有《符言篇》，乃抄袭此文（《九守》）而易其标目者，所异不过数字。”如果是这样，

《符言》和帛书的相通实际是《九守》的长处，不能证明《鬼谷子》确有所本。

根据我们由新出简帛获及的知识，《鬼谷子·符言》或《管子·九守》之为古书，是很明显的，一个容易看到的证据是，该篇全文应分九节，每节后有作“有（右）某某”的标题。俞樾《诸子平议》正确地解明了这一点，他说《符言篇》这些地方“‘有’当为‘右’”，如第一节末“有（右）主位”，乃“题目上事也。此篇分为九节，自‘安徐正静’至‘以待倾损’为一节，题曰‘右主位’；自‘目贵明’至‘则明不可塞’为一节，题曰‘右主明’；自‘德之术’至‘其莫之极欤’为一节，题曰‘右主德’；自‘用赏贵信’至‘而况奸者干君’为一节，题曰‘右主赏’；自‘一曰天之’至‘灾惑之处安在’为一节，题曰‘右主问’；自‘人为九窍之治’至‘固能久长’为一节，题曰‘右主因’；自‘为主不可不周’至‘不见原也’为一节，题曰‘右主周’；自‘一曰长目’至‘莫不暗变更’为一节，题曰‘右主恭’；自‘循名而为’至‘和生于当’为一节，题曰‘右主名’。因皆假‘有’为‘右’，注家遂不及其解矣。此篇亦见《管子·九守篇》，‘有’字并作‘右’，可证。”俞樾未能亲见汉以前书籍，而能明析如此，是值得称是的。标题“右某某”，严格说只有后面的“某某”是标题，就《符言》来讲，即“主位”“主明”“主德（听）”“主赏”“主问”“主因”“主周”“主恭”“主名”九者，故《管子》此篇总题《九守》。其所以加“右”字，是因为原来在竹简上，各节之后另附一简，书写标题，而节的本文在标题之右。

1979 年安徽阜阳双古堆出土的竹简本《诗经》，国风后就是类似这样的标题，如“右古北（邶）国”，“右古郑国”，整理或推测，很可能这些国名写在一支简的上部。《符言篇》各节的标题本来也应如此，这表明它来自竹简，决非伪托。

谈到《符言》与帛书有关的语句，见于篇首的“主位”节。该节的文字是：“安徐正静，其被节无不肉，善予而不静，虚心平意以待倾権。”与之对照，《管子·九守》该节作：“安徐而静，柔节先定，虚心平意以待须。”文字差别较大，需要对校分析。这一段语句又与不少其他古书联系，也应该加以比较。第一句“安徐正静”，《九守》作“安徐而静”。按《管子·势篇》云：“故贤在安徐正静”，与《符言》相同。第二句“其彼节无不肉”，文辞不通，旧注云：“被，及也；肉，肥也，谓饶裕也。言人若居位能安徐正静，则所及人节度无不饶裕也。”不过是望文生义。这一句实有衍误，秦恩复乾隆刊本云：“一本作‘先肉’无‘无不’二字”。唐兰先生指出“肉”应作“定”，按“肉”字汉代常写如“宍”（《汉书》尚保留这种写法），与“定”相近。据此，这一句后半应作“先定”。秦汉“柔”字写法又与“皮”字写法略似，疑“柔”字伪为“皮”，又改为“被”。这一句原应作“其柔节先定”，和《九守》相比，只多一“其”字。《符言》第三句“善予而不静”，唐兰先生云“静”乃“争”字之误。《九守》没有这一句。最后一句“虚心平意以待倾损”，“损”字系衍文。《国语·吴语》韦昭注训“倾”为“损”，注于“倾”下，后来阑入正文。《九守》的“须”，则是错字。俞樾说：“‘须’本作‘倾’，与上文‘静’ ‘定’为韵。 ‘待’训为‘备’，……‘以待倾’者，以备倾也。言须虚心平意以备其倾覆也”。

附带说一下，有学者认为“《鬼谷子·符言》作‘以待倾损’，似不可从，岂有君心虚心平意以待倾损之事？无论倾损他人或倾损自己都难与‘虚心平意’协调。”这是不知“待”训为“备”而引起的误会。

总之，《符言》这一节原文应作：“安徐正静，其柔节先定，善予而不争，虚心平意以待倾。”涉及战国时期黄老之学的一个著名论点，下面试作一系统的叙述。

这一论点最早的出现，是《国语·越语下》所载范蠡论兵的话。范蠡对越王勾践说：“臣闻古之善用兵者，赢缩以为常，四时以为纪，无过天极，究数而止。天道皇皇，日月以为常，明者以为法，微者则是行。阳至而阴，阴至而阳，日困而还，月盈而匡。古之善用兵者，因天地之常，与之俱行。后则用阴，先则用阳；近则用柔，远则用刚。后至阴蔽，先无阳察。用人无艺，往从其所。刚强以御，阳节不尽，不死其野。彼来从我，固守勿与。若将与之，必因天地之灾，又现其民之饥饱劳逸以参之，尽其阳节，盈吾阳节，而夺之利。宜为人客，刚强而力疾，阳节不尽，轻而不可取。宜为人主，安徐而重固，阴节不尽，柔而不可迫”。范蠡的理论，以阴阳说为基础，由阴阳而导出刚柔、主客。所谓“阳节”、“阴节”的意义，于此得有逻辑的说明，在战争中以客，应刚强力疾，阳节不尽；为主，应安徐重固，阴节不尽。

整套理论前后呼应，语句不难理解。语句均系摘引，所以范蠡原来的理论结构便不明显了。其中与我们现在讨论的问题有关的，有下列两处。一处在《称》篇最后，文云：“凡论必以阴阳大义”，然后历举各种事物之阴阳，如天阳地阴，春阳秋阴等等，继而归结说：“诸阳者法天，天贵正，过正曰诡，……祭乃反；诸阴者法地，地（之）德安徐正静，柔节先定，善予不争，此地之度而雌之节也。”其自阴阳说出发，显然源于范蠡，“安徐正静”以及“柔节”“雌节”等语，也有出于《越语下》的痕迹。

不过，范蠡论兵的观点，在这里已经推广成为带普遍性的原理了。《鬼谷子·符言》的“主位”节，不难看出是从《称》篇这一段来的。其前三句和《称》篇基本相同，而《管子·九守》并没有“善予而不争”一句。这充分表明，《符言》确有所本，不是对《管子》的抄袭。《六韬·文韬》的《大礼》篇，后一半袭用了《符言》的“主位”“主听”“主明”三节。篇中说：“文王曰：‘主位如何?’太公曰：‘安徐而静，柔节先定，善与而不争，虚心平志，待物以正。’”由于《九守》没有“善予而不争”，所根据的应当是象《符言》这样的本子。

《黄帝书》另一处有关内容，在《径》篇的《顺道》节，文云：“力黑曰：‘大庭之有天下也，安徐正静，柔节先定。’”其下尚有“女节”“弱节”等语，也是由《越语下》脱胎而来。帛书整理者已指出，《管子·势篇》一段文字和《顺道》此文大同小异，称“故贤者安徐正静，柔节先定。”这与《符言》或《九守》亦相类似。从《顺道》和《势》，又衍化出《文子·道原》和《淮南子·原道》中“守清道，抱雌节”一段文字，这里就不详说了。

读者可能会怀疑，《鬼谷子·符言》之所以比《管子·九守》更近于帛书，是由于《鬼谷子》成书时利用了比今传本更好的《管子》本子，而《符言》这一篇与《鬼谷子》其他各篇没有什么关系，编造伪书的人不过是掇拾真书，掩盖自己的行径。

下面举一个例子，以说明这种想法的不确。例子还是《符言》或《九守》的“主位”节。其第二句所谓“柔节先定”，“先定”二字应该怎样解释，从来没有好的说法。《势篇》以至《六韬》的《大礼》篇的同样的话，也没有适当的注解。按《鬼谷子·反应篇》未云：“己不先定，牧人不正，事用不巧，是谓忘情失道；己审先定以牧人，策而无形容，莫见其门，是谓天神。”俞樾云：“牧”当依《方言》训“察”“牧人不正”意为察人不当，故篇中又云：“其变当也，而牧之审也；牧之不审，得情不明”。至于“己审先定”，应为“己先审定”，故旧注称：“己能审定，以之牧人也。”从这里我们知道，“先定”的意思是能先审定，“柔节先定”的“先定”也当作如是解。

因此，《符言》和《鬼谷子》其他篇还是有内在联系的。其实，《鬼谷子》与马王堆帛书的关系尚不止于此。《史记·太史公自序》记司马谈论六家要指，于道家云：“故曰‘圣人不朽’，时变是守。虚者道之常也，因者君之纲也。’”《索隐》说：“‘故曰圣人不朽’，至‘因者君之纲’，此出《鬼谷子》，迁引之以成其章，故称‘故曰’也。”这是《鬼谷子》逸文，司马迁当时尚能看见。四句话中前两句也出自《越语下》，但后者作“上帝不考，时反是守”，涵义有所不同。惟有帛书《经》篇中的《观》节，作“圣人不巧，时反是守”，首称“圣人”，当即《鬼谷子》所本。这是《鬼谷子》（至少其一部分）并非伪书的又一证据。关于《汉书·艺文志》为什么不见《鬼谷子》，前人已有解释。宋代王应麟即提出《鬼谷子》乃《汉志》所录的《苏子》书，马王堆帛书中有《战国策》，曾有文章以为是《苏子》的一部分，从而有学者说：“这一发现在一定程度上动摇了认为鬼谷子就是苏秦的看法”。而事实上这部分帛书未必与《苏子》有关，所以《鬼谷子》即《汉志》《苏子》的论证还是值得考虑的。

五、《本经阴符》与《阴符经》

《鬼谷子·本经阴符》为《鬼谷子》一书下卷的第一篇。而《黄帝阴符经》，则向来被视为道教典籍，也简称为《阴符经》。二书同以“阴符”为名，且其思想也颇多相似处；然《阴符经》法《老子》“反者，道之动”之说，语多奇阴；而《鬼谷子》则法《易系辞》阖辟阴阳之论，文多纵横捭阖。

关于鬼谷子及《鬼谷子》之书，相传为战国初鬼谷子所作，前面有论述。鬼谷子是苏秦、张仪的老师，也是先秦纵横学的开创者。此书历来书志，大都分为三卷；上、中卷，都是在讲纵横游说的理论和技巧，篇目计有：捭阖、反应、内揵、抵巇、飞钳、忤合、揣第、摩第、权第、谋第、决第、符言等。其中转丸、胠乱二篇已佚。这些篇章，大抵由篇名，即可推知其内容。至于《鬼谷子》下卷，则包括《本经阴符》《持枢》《中经》等三篇；其中《本经阴符》，系由七小章组成，依次为：盛神法五龙、养志法灵龟、实意法螣蛇、分威法伏熊、散势法鸷鸟、转圆法猛兽、损兑法灵蓍等。

向来研究《鬼谷子》者，都把上中两卷视为同一系统，把下卷视为另一系统。并且认为两者不出自同一人。笔者早年从事《鬼谷子》一书的研究时，也是持这样看法。但近年来，则颇觉这种看法有可议处，以内容看，三卷应皆是同一人之作，且应写成于战国之世。

兹略述浅见于下：《鬼谷子》上中两卷，重在论述言谈游说的技巧，卷下则着重内在精神的涵养。两者有相互补足之作用。又，在下卷三篇作品方面，《中经》说："'本经'纪事者，纪道数。其变，要在'持枢'、'中经'。"此语说明了下卷《本经阴符》《持枢》《中经》三者间的关系，其关系是以《本经阴符》谈论道术及应用为主，而其余两者，则是在补充说明运用时的权变技巧。我们由《中经篇》谈到下卷三篇间的相互关系，可以确定《鬼谷子》下卷的三篇，是出自同一人之手。不仅下卷三篇为同一人之作，下卷与上中二卷，也应是出自同一人；它们彼此在文字间，常会出现相互呼应的看法，可以看出下卷与上中卷有极密切的关系存在，例如《本经阴符·转圆法猛兽》云："圆者，所以合语。方者，所以错事。"此文与《鬼谷子》上卷反应篇所说："未见形，圆以道之；既见形，方以事之。"文义相阐发。

再如：《鬼谷子》中卷符言篇有树德之论，以为须有德行，才能收容异己，使他为我们所用，为我们防守；而下卷中经也有施德，笼络众人之说，文云："中经，谓振穷趋急，施之能言、厚德之人。救拘执，穷者不忘恩也。能言者，俦善博惠。施德者，依道。而救拘执者，养使小人。"这种下卷与前两卷相互阐明的情形，在书中时有所见，可以证明《鬼谷子》上中下三卷系同出一人之手。又，《本经阴符·实意法螣蛇》云："心欲安静，虑深远。心安，则神策生；虑深远，则计谋成。神策生，则志不可乱；计谋成，则功不可间。"此句和《邓析子转辞篇》："心欲安静，虑欲深远。心安静，则神策生；虑深远，则计谋成。"文义相近。

先秦诸子书，常会有意无意，大量援引同时代人的言论；如《列子》《吕氏春秋》《韩非子》等书，常看到《老子》《庄子》书中之片断出现在其中。而《老子》一书也多暗引古书及古人言语。这是先秦诸子书常见的特色，可以作为《鬼谷子》上中下三卷为先秦之旧的间接证明。在 1984 年出版的《鬼谷子研究》一书，该书上编"二、鬼谷子真伪考"中，作者曾主张把《鬼谷子》上中两卷和下卷分开来看，以为上中两卷是先秦之旧，下卷则是后人伪托。今日看来，作者认为下卷也应为先秦之旧，且三卷应同出一人之手。谨提出修正看法于上，以就正方家。又，其中有关《本经阴符·盛神法五龙》："九窍十二舍者，气之门户，心之总摄也。"作者早年据陶弘景之注，以佛教眼、耳、鼻、舌、身、意、色、声、香、味、触、法等十二处，来解说《鬼谷子》的“十二舍”，因此而说下卷有受佛教影响。

其实，不能直接把佛教的十二人拿来当做《鬼谷子》的十二舍。印度有六根六尘之说，而中国先秦时也有以五官：身、口、耳、目、心，和五事：貌、言、听、视、思相配的情形；由感官而想到它的功能，这原是极自然的事，并不是中印两者相互抄袭。且《荀子·天论》说：“形具而神生，好、恶、喜、怒、哀、乐臧焉，夫是之谓天情。耳、目、鼻、口、形能（形态），各有接而不相能也，夫是之谓天官。心居中虚，以治五官，夫是之谓天君。”荀子所讲到人类与外界接触的感官，则有耳、目、鼻、口、身及心六者。此六种感官，与表现在外六种相应之事，即成十二。因此十二舍，乃泛指人类与外界接触时的感官及所表现的功能作用；不能，也不必直接以佛教十二人来解说。据十二舍，而说《鬼谷子》受佛教影响，证据略嫌薄弱。

鬼谷子与道家道教鬼谷子其人，为先秦纵横家；然而《鬼谷子》一书下卷《本经阴符》，所言的内心修炼方式，却与道家相近者多。这大概是《老子》书中多阴谋权术之说，所以阴谋权术之流，自然会攀附上老子；汉初张良、陈平等好谋略之士，多爱好黄老和方士道教，可见一斑。《老子》第三十六章云：“将欲歙之，必固张之；将欲弱之，必固强之；将欲废之，必固兴之；将欲夺之，必固与之；是谓微明。柔弱胜刚强，鱼不可脱于渊，国之利器，不可以示人。”文中阴谋权术之思想，不言而可喻，这和《鬼谷子》纵横术的重权谋诡变，原有契合处；所以《鬼谷子》的作者自然会攀上老子的学说。

《鬼谷子》下卷既与道家思想相近；而道家与道教，不论在思想上，在用语上，均有相沿承的关系；那么《鬼谷子》下卷的思想，自然也就会被道教所攀引；鬼谷子其人也就容易因此而被转化为道教神仙人物。先秦的典籍除了《老子》《庄子》《列子》《关尹子》《文子》《亢仓子》等道家书籍，被道教攀引为经外，墨子、鬼谷子二人也常出现在道教的经论中。鬼谷子成为道教人物，是由于其书有道家思想；而墨子非道家人物，也被神仙化，则起因于墨子明鬼尊天。

道徒不仅视鬼谷子、墨子为神仙，并且有伪托他两人撰著的经典出现，如晋·葛洪《抱朴子内篇遐览》所载道经有：《墨子·枕中五行记》五卷及《鬼谷经》。

葛洪生于西晋武帝太康三年（公元 283 年），死于东晋哀帝兴宁元年（公元 363 年）。《抱朴子遐览篇》所载的道经，是葛洪从他的老师郑隐处所看到而疏记下来的经名，所谓：“他书虽不俱得，皆疏其名。”郑隐，字思远，是三国吴·葛玄的弟子；葛玄其人，道徒极为尊崇，称之为葛仙翁。因而《墨子·枕中五行记》、《鬼谷经》等二书的成书年代，应在三国之前。由此也可推知道教早已在三国之前，即把墨子、鬼谷子视为道教中的神仙人物。《墨子·枕中五行记》一书，《抱朴子遐览篇》至为推崇，文云：“其变化之术，大者唯有《墨子·枕中五行记》，本有五卷。昔刘君未仙去时，抄取其要，以为一卷。其法用药用符，乃能令人飞行上下，隐沦无方。含笑即为妇人，蹙面即为老翁，踞地即为小儿，执杖即成林木，种物即生瓜果可食，画地为河，撮壤成山，坐致行厨，兴云起火，无所不作也。”至于《鬼谷经》的内容，《抱朴子》未详谈。这两本书，现在都已亡佚。

鬼谷子和墨子两人在道教神仙中的等第，梁·陶弘景《洞玄灵宝真灵位业图》(《正统道藏》〈洞真部谱箓类腾字号〉)，曾谈到。陶弘景把道教天界诸仙真，依其尊卑，区分为七阶，每阶分左右中三位。每一阶中位，唯有一人，而左右两位则各数人或数十人。第一阶中位为元始天尊，第二阶中位为大道君，第三阶中位为金阙帝君，第四阶中位为太上老君，第五阶中位为张奉，第六阶中位为中茅君，第七阶中位为酆都北阴大帝。鬼谷子和墨翟，同被列在第四阶左位上的仙人。

鬼谷子与道教的关系，除了上面所述外。道教经论中，托名鬼谷子所撰作者甚多；《正统道藏》所收，托名鬼谷子的撰作有《鬼谷子天髓灵文》(《正统道藏》〈洞神部方法类薄字号〉)，此书以符箓为主，有隐形藏体、驱神入室、超脱生死、投胎换舍、撒豆成兵、斩草为马、驱役灵鬼等法。

此外，《新唐书》卷五十九〈艺文志〉道家神仙类，载有《集注阴符经》一卷，注者有：“太公、、范蠡、鬼谷子、张良、诸葛亮、李淳风、李筌、李治、李鉴、李锐、杨晟。”，今《正统道藏》(洞真部玉诀类藏字号)所收《黄帝阴符经集注》，则仅有：“伊尹、太公、范蠡、鬼谷子、诸葛亮、张良、李筌。”七家注；《道藏》所录，是否即是《唐志》本子的略本，由于史料缺漏，难以确知。又，《隋书·经籍志》：“《关令内传》一卷，鬼谷先生撰。”新旧《唐志》也都载有此书。此书今佚，但唐人·王悬河《三洞珠囊》卷九〈老子化西胡品〉曾引录鬼谷先生撰《文始先生无上真人关令内传》之文，书中所言，和《老子化胡经》内容相近；都是在叙述老子出关化胡之事。

近人陈国符认为《三洞珠囊》所录者，即是《隋志》所载之书。陈国符《道教源流考》附录四〈南北朝天师道考长编〉云：“《三洞珠囊》卷九〈老子化西胡品〉引鬼谷先生撰《文始先生无上真人关令内传》，所述与《老子化胡经》相符合；疑已于晋代或南北朝行世。《隋志·史部杂传类》著《关令内传》一卷，鬼谷先生撰，当即此书。”托名鬼谷子所撰的《关令内传》，据《三洞珠囊》卷九〈老子化西胡品〉引文看来，是《老子化胡经》同系列的书；至于其成书年代，则由于史料阙略，较难断定。

此外托名鬼谷子的著作，有：《隋书·经籍志》兵家载有《鬼谷先生占气》一卷。此书《唐志》不载，今已佚。又，清《四库全书》收有《命书》三卷，题为：“周·鬼谷子撰、唐·李虚中注”、《相掌金龟卦》一卷，题为：“周鬼谷子撰”。上述这些托名鬼谷子所撰的书，都与道教及术数有关。而由道徒爱托名鬼谷子以立书看来，可以看出鬼谷子与道教关系密切，所以道徒才会常假借其名以立论。又，鬼谷子会和道教结了不解缘，究其因，当然是如前所说，是由于《鬼谷子》的思想和道家道教有相似处；其中《本经阴符》和道教《阴符经》的理论相近者更多。

今谨就其书下卷与《阴符经》，做一比较，并论述于后：《鬼谷子》下卷《本经阴符》，所说的七术是指：盛神法五龙、养志法灵龟、实意法螣蛇、分威法伏熊、散势法鸷鸟、转圆法猛兽、损兑法灵蓍等七章；其中前三章为养志蓄势功夫，后四章为施行用术的法则。

《本经阴符》和《阴符经》同样有“阴符”二字。《唐志》所录《集注阴符经》中，甚且有鬼谷子之注。既如此，则鬼谷子和《阴符经》间的关系，不言可喻。至于“阴符”二字的意义，梁·陶弘景《本经阴符》注云：“阴符者，私志于内，物应于外，若合符契，故曰阴符。由本以经末，故曰本经。”而唐·李筌《黄帝阴符经疏·释题》云：“阴，暗也。符，合也。天机暗合于行事之机，故曰阴符。”综合陶、李二家的解释来说，《阴符经》和《本经阴符》二者，都是强调以内心所领悟的道术、天地之理，来处理事务；使外物与内心所想的相符；且主张效法天地万物的生克原理，掌握天机，来扩张自己，克敌致胜。《鬼谷子·本经阴符》和《阴符经》既有如此的共同点，因而今将两者的思想加以比较于下。

由于《鬼谷子》卷下和《阴符经》相近者多，今分项论述两者间的思想关系于下：《鬼谷子》和《阴符经》的内修大道外用术法《鬼谷子·本经阴符》和《阴符经》两者，都是主张内修大道，而外行术法。必须心能悟道，才能行其术法。《本经阴符·盛神法五龙》："道者，天地之始，一其纪也。物之所造，天之所生，包宏无形，化气先天地而成，莫见其形，莫知其名，谓之神灵。故道者，神明之源，一其化端，是以德养五气，心能得一，乃有其术。术者，心气之道所由舍者，神乃为之使。九窍十二舍者，气之门户，心之总摄也。生受之天，谓之真人；真人者，与天为一。内修练而知之，谓之圣人；圣人者，以类知之。"此段话中谈到了道一心一术之关系，道为一切万物万事的根源；心能悟道，才能用之于术。这种情形和《阴符经》划分道、术、法三者，在观念上是相近的；《阴符经》也是认为须先领悟道体，然后再施之于术、法，运用到人事上来。只是《鬼谷子》在对道体的领悟和内心修炼上，较偏重精、神、志、意和五藏、五气的培养，而《阴符经》则偏重道体中大自然生克阴阳相推的变化；然而两者皆重视道术的运用，都是伺时待机而动，则是相同的。

《黄帝阴符经·神仙抱一演道章》云："观天之道，执天之行，尽矣。天有五贼，见之者昌；五贼在心，施行在天。宇宙在乎手，万化生乎身。天性，人也。人心，机也。立天之道，以定人也。天发杀机，龙蛇起陆；人发杀机，天地反覆；天人合发，万变定基。……天生天杀，道之理也。"《黄帝阴符经·富国安民演法章》："食其时，百骸理；动其机，万化安。"五贼，是指五行而言。

《阴符经》是配合五行生克及"天生天杀，道之理"、"天之无恩，而大恩生"的天地无情观，来施展他的术法，所以《阴符经》的术法是以阴、杀、无情为主；同时在施行时，则须伺机待机而行。所谓"食其时""动其机"；如此才能做到"天发杀机，龙蛇起陆；人发杀机，天地反覆。"《鬼谷子》的术法，是借由仿效自然界五龙、灵龟、螣蛇、熊、鸷、猛兽、灵蓍等事物的善于伺隙、察机，来蓄志养势，伺隙、见机而动。跟《阴符经》的善体天地生克机变是相同的。又，《鬼谷子》认为天性自然与道体相合者为真人，由内心修炼而领悟者为圣人；而《阴符经》也说："知之修炼，谓之圣人。"两书对道术的体认和运用，颇相类。

《阴符经》《本经阴符》中，所见的道家思想先秦道家思想以《老子》《庄子》为主，而《易经》尤其是《易经系辞》，也包括了许多道家思想，近人陈鼓应甚且认为《系辞》应是先秦道家人物的作品。《鬼谷子》和《阴符经》思想中有许多思想是与道家相同的。今且罗列并陈述此二书和道家及《易经》思想之相近处。《阴符经》与道家思想《阴符经》经文短小，而其中与道家思想相近者，便有多处，今胪列并比较于下：

《阴符经·神仙抱一演道章》："天生天杀，道之理。"

《阴符经·神仙强兵胜战演术章》："天之无恩而大恩生。"

上述文句，同于《老子》第五章："天地不仁，以万物为刍狗；圣人不仁，以百姓为刍狗。"两者都认为天地无情，不刻意于生杀。

《阴符经·神仙抱一演道章》："天地，万物之盗；万物，人之盗；人，万物之盗。三盗既宜，三才既安。"

此句跟道家《列子·天瑞篇》所说相近，《列子》说齐国国氏大富，宋国向氏大贫；向氏问国氏致富之术，国氏教以偷盗；向氏盗人财物而被刑；往责国氏，国氏告诉他，所谓盗，是盗天时、盗地利以致富，而非逾垣凿室。向氏迷惑，往问东郭先生；东郭先生告诉他说云："若（汝）一身庸非盗乎？盗阴阳之和以成若生，载若形，况外物而非盗哉？诚然，天地万物不相离也；仞（认）而有之，皆惑也。国氏之盗，公道也，故亡殃；若这盗，私心也，故得罪。有公私者，亦盗也；亡公私者，亦盗也。公公私私，天地之德。知天地之德者，孰为盗邪？孰为不盗邪？"

《阴符经·强兵胜战演术章》："瞽者善听，聋者善视，绝利一源，用师十倍。三反昼夜，用师万倍。"此句和《老子》第十九章："绝圣弃智，民利百倍；绝仁弃义，民复孝慈；绝巧弃利，盗贼无有。此三者，以为文不足，故令有所属，见素抱朴，少私寡欲。"

《老子》第十二章："五色令人目盲，五音令人耳聋，五味令人口爽，驰骋畋猎令人心发狂。"相近。

《阴符经·强兵胜战演术章》："自然之道静，故天地万物生；天地之道浸，故阴阳胜。阴阳相推，而变化顺矣。是故圣人知自然之道不可违，因而制之。至静之道，律历所不能契，爰有奇器，是生万象。八卦甲子，神机鬼藏。阴阳相胜之术，昭昭乎进乎象矣。"此句受《老子》和《易经》的影响很深。

《老子》第四十二章："道生一，一生二，二生三，三生万物。万物负阴而抱阳，冲气以为和。"《易经系辞》第五章："一阴一阳之谓道，继之者善也，成之者性也。"

《易经系辞》第十一章："是故易有太极，是生两仪，两仪生四象，四象生八卦，八卦定吉凶，吉凶生大业。是故法象莫大乎天地，变通莫大乎四时，县象著明莫大乎日月，崇高莫大乎富贵；备物致用，立成器以为天下利，莫大乎圣人。"

《老子》与《易经》在天地万物的生成时，谈到了阴阳的关系，而《阴符经》则由天地间万物阴阳的相推变化，而领悟到处世胜敌的原理。

《阴符经·富国安民演法章》：“人知其神而神不知，其神所以神。”黄震（《黄氏日抄》）云：“此本老聃可道非道之说。”

《阴符经·神仙抱一演道章》：“九窍之邪，在乎三要，可以动静。”

吴名凤《此君园文集》以为此“则《参同契》之‘三宝关键’也。”

《阴符经·强兵胜战演术章》：“心生于物，死于物，机在目。”吴名凤以为：“则老子之不见可欲使心不乱也。”

又，此句也和《老子》第十二章“五色令人目盲，五音令人耳聋，五味令人口爽，驰骋畋猎令人心发狂，难得之货令人行妨。是以圣人为腹不为目，故去彼取此。”说法相近。《阴符经》以为由于耳目和外物相接，而使吾心或生或死；而欲念的生灭，则系于耳目感官和外物的相接，所以说“机在目”。

《鬼谷子》与道家思想《鬼谷子》一书与道家思想相近者，约如下述：

《捭阖篇》：“粤若稽古，圣人之在天地之间也，为众生之先，观阴阳之开阖以名命物；知存亡之门户，筹策万类之终始，达人心之理，见变化之朕焉，而守司其门户。故圣人之在天下也，自古及今，其道一也。变化无穷，各有所归，或阴或阳，或柔或刚，或开或闭，或弛或张。是故圣人一守司其门户，审察其所先后，度权量能，校其伎巧短长。”捭阖即是开合；以开合阴阳两种不同的技巧交互运用，用以游说人主。

《鬼谷子》的捭阖技巧，疑是受《易经》所启发。

《易经系辞上传》第十一章：“是故阖户谓之坤，辟户谓之乾；一阖一辟谓之变；往来不穷谓之通。见乃谓之象，形乃谓之器，制而用之，谓之法；利用出入，民咸用之，谓之神。……是故法象莫大乎天地；变通莫大乎四时；县象著明，莫大乎日月；崇高莫大乎富贵；备物致用，立成器以为天下利，莫大乎圣人……是故天生神物，圣人则之；天地变化，圣人效之；天垂象见吉凶，圣人象之。”

《鬼谷子》与《易系辞》皆能观察阴阳开阖之变；只是一用来役使人才，一用来占断吉凶。《本经阴符》：“道者，天地之始；一其纪也。物之所造，天之所生，包宏无形，化气先天地而成，莫见其形，莫知其名，谓之神灵。”

《鬼谷子》叙述道体的情形，和道家老庄所说的几无二致。

《老子》第二十五章：“有物混成，先天地生，寂兮寥兮，独立而不改，周行而不殆，可以为天下母，吾不知其名，字之曰道，强为之名曰大。”

《老子》第十四章：“视之不见，名曰夷；听之不闻，名曰希；搏之不得，名曰微……是谓无状之状，无象之象。”以上是对道体的形容。

《鬼谷子》和道家，都认为道为天地之始，是不能见其形影，不能知其名的。

《本经阴符·实意法螣蛇》：“无为而求，安静五脏，和通六腑，精神魂魄固守不动，乃能内视反听，定志虑之太虚，待神往来。”《本经阴符·盛神法五龙》：“无为以包志虑思意。”

《鬼谷子》的无为说及固守魂魄，内视反听的观念；和道家老庄的思想是相同的。《老子》第三十七章：“道常无为而无不为。”

《老子》第十章：“载营魄抱一，能无离乎？专气致柔，能婴儿乎？涤除元览，能无疵乎？爱民治国，能无知乎？天门开阖，能无雌乎？明白四达，能无为乎？生之畜之；生而不有，为而不恃，长而不宰，是谓元德。”

《庄子人间世》：“回曰：‘敢问心斋。’仲尼曰：‘若一志，无听之以耳，而听之以心，无听之以心而听之以气。听止于耳，心止于符。气也者，虚而待物者也。’”

《老子》的载营魄抱一；《庄子》的心斋，听之以心而不听之以耳；都和《鬼谷子》的固守魂魄，内视反听，定志之太虚的说法相同。

《本经阴符·盛神法五龙》：“生受于天，谓之真人；真人者，与天为一。内修练而知之，谓之圣人；圣人者，以类知之。”同篇又云：“真人者，同天而合道，执一而养产万类，怀天心施德养，无为以包志虑思意，而行威势者也。”

《鬼谷子》认为真人生性与天契合，而圣人则由修炼而来，以类知之；这种说法和《庄子》相近。《庄子·渔父篇》：“真者，所以受于天也，自然不可易也。故圣人法天贵真，不拘于俗，愚者反此。”《庄子·天下篇》：“不离于宗，谓之天人；不离于精，谓之神人；不离于真，谓之至人；以天为宗，以德为本，以道为门，兆于变化，谓之圣人。”

上述为《鬼谷子》《阴符经》分别和道家思想相推比的情形。可以看出来《本经阴符》和《阴符经》二者，都含有浓厚的道家思想。《易经系辞》谈乾坤开阖；《鬼谷子》也重视阴阳开阖之术，将之置于第一篇；而《阴符经》也谈到阴阳相推的生克技巧。又对于真人、圣人之描述；《庄子》《鬼谷子》《阴符经》三者是相近的；都是认为天生和道体相契合的是真人；努力修炼而合道的是圣人。

《本经阴符》和《阴符经》的克敌之术《阴符经》共分三章，其中第三章主术，名为："强兵胜战演术章"。由其名称就可知道，此章重在应用，乃将道体运用在强兵胜敌上。其方法在于绝耳目之欲，专一心志，顺着万物阴阳相推而变化，以八卦生克变化来制敌。

《本经阴符》共分七章，其中前三章在培蓄精神志意；后四章重在应用上；其运用之道，乃是法伏熊、猛兽、鸷鸟、灵蓍等以占机伺时而动，用以克敌取胜。

《本经阴符》和《阴符经》对术的运用，一主阴阳生克，一主占机察事；说开来，都是在蓄势待时而后动。今分述两者之克敌致胜术于下：

《阴符经》的强兵胜战术在克敌取胜术的运用上，《阴符经》是主张效法天道的自然、不仁及生克变化。《阴符经·神仙抱一演道章》强调须体悟天地五行生杀机变，所谓"天生天杀，道之理也。"

而《阴符经·富国安民演法章》则强调要盗时盗机，所谓"天地万物之盗；万物，人之盗""食其时，百骸理；动其机，万化安。""圣功生焉，神明出焉。其盗，机也。天下莫能见，莫能知。"

至于第三章《黄帝阴符经·强兵胜战演术章》，则是施行运用的术法；依其内容来看，此章约有底下三个主要步骤：摒绝外在诱惑，专心致志于所处理的事务上。人一受外物引诱，判断就不易客观，易受蒙蔽；若如此，纵使容易做的事，也往往须花费比别人更长的时间才能完成。因而如果能摒绝物欲，使耳目不受影响，专志一心，便可发挥较平常加倍的效果。

所以《黄帝阴符经·强兵胜战演术章》说："瞽者善听，聋者善视；绝利一源，用师十倍。三反昼夜，用师万倍。心生于物，死于物，机在目。"瞽者无目，不受眼睛所看到五花十色的外境影响，专一以心来听，自然不会有听而不闻的情形出现，所以说："瞽者善听"。聋子的耳朵无听到外界的听音，只能把心思去注在看的上面，不会一心二用，视而不见，看的自然清楚；所以说："聋者善视"。处理事情能像视听一样，专注于一事上，不受利益诱惑，自然就会发出比平常十倍，甚至万倍的力量；用在军事上更是如此，所谓："绝利一源，用师十倍；三反昼夜，用师万倍。”

因此《阴符经》的作者，归结出一个结论，即是：“心生于物，死于物，机在目。”也就是说事情的成败，完全在于处事者心志的生死；而一个人心志生死的枢机关键，则完全决定在于耳目等感官所受外物影响的程度而定。

这是《阴符经·强兵胜战演术章》第一段的情形。第一段主要在训练心志的专注力，使它能很轻易的来处理事务。以无恩不仁行术心志能专一，然后就可以把这股凝聚的力量运用在事务上。所以本章的第二段接下来，便告诉我们如何来处理事情；作者以为处事须效法天道的无恩不仁。无恩和自然、无为、虚静等道家思想有极密切的关系。自然即是无为，即是虚静，不须以自己私心妄作有为随顺着时、势、理而行。而无恩乃是不以私心应事，生杀不以仁恩为依归，以趋时随势为依归；该生该杀，随势顺时，此亦即是自然。

这也就是《老子》所谓的：“天地不仁，以万物为刍狗；圣人不仁，以百姓为刍狗。”一个人的行事必出于无恩、不仁，而后才能不被私心仁德所囿；如果有人受了我们的恩泽，相对的就有更多的人没法受到我们的恩泽。以仁恩来行事，所能成就者小。所以圣人处事，所依据的的是自然，是不仁。

《阴符经·强兵胜战演术章》说：“天之无恩而大恩生。迅雷烈风莫不蠢然。至乐性余，至静性廉。天之至私，用之至公。禽之制在炁。生者，死之根；死者，生之根。恩生于害，害生于恩。愚人以天地文理圣，我以时物文理哲。人以虞愚，我以不虞愚。人以期其圣，我以不期其圣。”“愚人以天地文理”以下，是说明圣人、哲人借由天象的变化，以神道为说，用来治民定国；如以彗星、水、旱灾变，用天人感应说来劝国君修政，劝人民行善。圣人用此设教，而百姓则以为真有神明存在。其实，把天人感应当做真有神明，则是愚昧不明，不以为神则不愚。这就是《荀子·天论篇》所说：“雩而雨，何也？曰：无何也，犹不雩而雨也。日月食而救之，天旱而雩，卜筮然后决大事，非以为得求也，以文之也。故君子以为文，而百姓以为神。以为文则吉，以为神则凶。”现存《阴符经》之本子有的文字详尽，有的末段脱略，其中有的版本文字仅到“我以时物文理哲”为止，没有以下的文字。详尽的本子则有以下阴阳生克方面的叙述。以阴阳生克制敌阴阳五行家认为天地之道，水火相灭，阴阳相胜。因此便常以五行的相生相克，来解释大自然的现象。其方法，是把天地万物，区归为五行，配合五方、五色、五音、五藏、四季等，来说生克。此处《阴符经》，则又利用阴阳五行之生克，来说明克敌制胜之法。其文云："故以沈水入火，自取灭亡。自然之道静，故天地万物生。天地之道浸，故阴阳胜。阴阳相推而变化顺矣。是故圣人知自然之道不可违，因而制之。至静之道，律历所不能契。爰有奇器，是生万象。八卦甲子，神机鬼藏，阴阳相胜之术，昭昭乎进乎象矣。"

以上是《阴符经》的克敌致胜技巧。其术在效法天道无恩与利用阴阳生克以制敌。《本经阴符》的制敌致胜术《本经阴符》中，用来制敌取胜的术法为：分威法伏熊、散势法鸷鸟、转圆法猛兽、损兑法灵蓍〉等四章。分威法伏熊：此章是说要想分散别人的威势，便要效法伏击中的熊，必须俟隙而动。待间而入，所以分威之道，首在"先养志伏意"，然后再"视间而动，""以实取虚，以有取无。"散势法鸷鸟，此章是说在散发自己威势以慑服人时，贵在如鸷鸟之猛利迅捷；其步骤在"内精五气，外视虚实。"用之，必循间而动，威肃内盛，推间而行之，则势散。"转圆法猛兽，此章在说明吾人以智慧处理外务时，必须随物转化，周圆完密，因而必须有无穷之计以应万变；所谓："转圆者，无穷之计也。……以变论万类，说义无穷。"制敌须有无穷之计，就如同猛兽有无穷的威力才能慑服群兽一样。损兑法灵蓍，此章在说明损、兑二法的应用。兑是说、悦。是以言辞来察知、来游说对方；损是要求对方付诸行事，以求事功。此两者皆须如灵蓍一样的占见机危；所以说："损兑者，机危之决也。事有适然，物有成败；机危之动，不可不察。……兑者，知之也。损者，行之也。"由上四章看来，《鬼谷子》的制敌术，重在伺机待时。

《阴符经》，在历代文献中，《战国策·秦策一》称之为《太公阴符》，《史记·苏秦列传》称之为《周书阴符》，唐·李筌称之为《黄帝阴符经》。说它是《太公阴符》，说它是《黄帝阴符》，都是伪托古代圣贤黄帝、太公以自尊崇。

鬼谷子的学生苏秦，锥股流血，苦研《阴符经》；而《本经阴符》和《阴符经》，都同样有"阴符"二字，且在《集注阴符经》中，有鬼谷子之注。鬼谷子与《阴符经》关系的密切，自是可知。这两本书，在思想上，都有很浓厚的道家色彩，两者同样重视内修大道，外施术法，同样在伺时待机而动。

《老子》第四十章说："反者道之动，弱者道之用。"

《阴符经》从其中看到了道体的反动变化，道体的运用，所以效法天道的无恩不仁，及阴阳生克。其说重在掌握天机，窃时盗机而行事。

《易经系辞》说："阖户谓之坤，辟户谓之乾；一阖一辟谓之变；往来不穷谓之通。"而《鬼谷子》即效法它的开合变化，用来游说人主。

《阴符经》在道教中，甚被重视，经中："天发杀机，龙蛇起陆；人发杀机，天地反覆。""天地，万物之盗；万物，人之盗；人，万物之盗。""天生天杀，道之理""天之无恩而大恩生"等语，常引世人议论；又，其书是在用术方面，较有独到处，而不是修仙。且该经系由三章组成：神仙抱一演道、富国安民演法、强兵胜战演术，三者各占一章，安民与强兵即占三分之二；以此看来，该经虽讲修道，其实目标在富国安民、强兵胜战；且第一章虽名为神仙抱一演道章，其实则和神仙并无必然关系；第一章乃在强道领悟五行生克及天生天杀的道理。正因此经重在安民强兵，所以这本书也常被类归到兵家类。又，书中所谈到的许多致胜理论，如专一致志、法天地无恩不仁，及阴阳生克之法。这些观念可以用来克敌取胜，也可以用来做为治世之方、处事之法；更可以用来游说人主，揣摩人主心态，以阴阳生克配合捭阖变化，相参互运用。这也是为什么纵横家的苏秦会锥股流血，苦研这本书的原因了。

《鬼谷子》一书，是现今保存纵横理论最完整的一本书。而战国初年的苏秦、张仪，则是这一理论的实践者。记载苏秦、张仪施行纵横术较详尽的则为《战国策》一书。我们由《战国策》所载张仪、苏秦的游说行径中，可以拿来和《鬼谷子》的游说理论相印证。纵横家是以外交手腕来达成政治目的，它常需要以军事来做为后盾；因此学纵横术的人，常会兼习兵法；从纵横家的始祖鬼谷子，他所收的学生中有学纵横术的苏秦、张仪；有学兵法的孙膑、庞涓；便可看出一斑。又，纵横与军事，都很重视阴谋及注重诡变；而道家的《老子》书，即是以阴柔为主；阴柔本来就是斗智不斗力，斗智即是以谋略取胜，所以《老子》书多诡谋。虽然《史记·陈丞相世家》陈平之语说："吾多阴谋，是道家之所禁。"但由陈平好黄老之学，而汉初的张良也是善阴谋而喜好黄老方术；可以看出学黄老之术者，有爱好阴谋的倾向；此当是因其书存有阴谋权术之说而使然。既如此，陈平所说道家所戒的阴谋，当是小智谋身的阴谋，而不是大智谋国的阴谋。由于道家和《鬼谷子·本经阴符》《阴符经》在阴谋权术的运用上有其相近处；所以《鬼谷子》《阴符经》自然也都与道家有密切关系了。

附录2：有关鬼谷子的传说

关于鬼谷子的传说在民间颇多，不少地方至今仍广为流传。这些传说与文人雅士的作品风格迥然不同，语言朴实无华，充满着乡土气息，并富有神秘色彩。褒扬真善美，鞭鞑假恶丑，反映了人们对鬼谷子奇人奇才的仰慕及对美好生活的向往和追求，别有一番风趣。

一、鬼谷子出世

相传，鬼谷子是村夫庆隆和东海龙女的儿子。庆隆和龙女虽被东海龙王压死在云梦山中，化作一道山岭和龙泉，但阴魂不散，要借体繁衍，为后人造福。

两千多年前，朝歌城南王庄王员外的夫人怀孕三年之久而不分娩。初春一天之夜，突然狂风骤起，电闪雷鸣，大雨如注。人们都为这不正常的天象，正说长道短，蓦地从空中飞来一个火球，直飞到王夫人床前，正反各转三圈，变作一条小花蛇，慢悠悠钻入王夫人的被窝，随之听得婴儿的呱呱哭泣。家人掀开被窝，王夫人生下一个满头红发，容貌丑陋的丫头。

王员外十分沮丧，长叹一声，拂袖而去。王夫人见老爷如此烦恼，也暗暗抽泣。正在这时，小女婴突然坐起，拉着王夫人的手细声细语地说："妈妈，别难过，我会变美丽的。"话音刚落，这女婴就倒下咽了气。王夫人停止了抽泣，双手把女儿抱于怀中，又拍脑门，又捋脖子，口中不住喊叫："儿呀，快醒醒，娘不嫌你长的丑。快醒醒吧！"拍了一次又一次，捋了一遍又一遍，眼泪哭干了，嗓子喊哑了，整整折腾了一个夜晚。黎明时分，只听女婴哇的一声苏醒过来。王夫人喜出望外，定睛一看，小女满头黑发，唇红齿白，十分可爱。王夫人忙让丫环请来老爷。

王员外一见大吃一惊，心中不住思忖：三年不坠，火球助催，紫气东来，丑女变美，是大福大贵之兆，王家的好气数。想着想着，不禁大笑不止，走到床前说：“夫人，晨曦吉辰，迎霞聚瑞，我看女儿必有大福大贵，咱就取名霞瑞，你看如何?”夫人点头称是。岁月流逝，转眼十八个冬春过去，霞瑞姑娘身居闺房，学习针线，攻读诗文。她越长越俊俏，白皙的杏仁脸上嵌着一双水灵灵的眼睛，两个酒窝之间夹着一个樱桃小嘴，令人喜爱。但她性格倔强，不拘于旧的礼节，善于言谈，又讲直理，对于父母的话也不是百依百顺。日渐厌恶闺中生活，常常在丫环小云陪伴下到花园嬉戏。有时还背着父母到田间去问农桑。是年朝歌奇旱，河溪断流，水井干枯，大地龟裂，五谷不收。王员外家一块三顷地的谷子，只留下一棵禾苗，但长势却十分喜人，谷杆如芦苇，叶子赛高粱，谷穗像狼尾，沉甸甸，金灿灿，微风吹拂，点头摇曳，而且还散发出喷喷香味。霞瑞姑娘听说自家地里长了这棵奇谷，就让家奴收来，放到绣楼，顿时闺房之内香气四溢，使人陶醉。

姑娘对丫环说：“如此好的谷子，要好好保存起来，来年多种一些。”丫环把谷穗放在手中揉搓，揉着搓着变成了一颗熠熠透明的珠子，而且香味更加浓郁。姑娘接过珠子，正想闻一下，这珠子一下钻进口中，欲吐出，又溜进喉咙。霞瑞咽下珠子不久，顿觉腹内舒畅，筋骨苏软，浑身乏困，一头倒下就睡着了。一个月之后，姑娘不思饭食，身体渐渐消瘦。主仆二人都不知何故。快嘴的丫环告诉了夫人，王夫人见女儿如此消瘦，心疼万分，问明情由，忙着请名医调理。连吃两个月草药，仍不见效，却见女儿的肚子一天天大起来。

王员外得知消息，恰似五雷轰顶，把夫人叫到客厅，怒气冲天地说：“你养的好女儿，竟如此伤风败俗，我乃赫赫大户，叫我如何做人?”

夫人忙陪笑脸：“老爷息怒，家丑不可外扬，你要想个两全之策才是呀!”

两人如此这般商量半天，决定把女儿连夜赶出家门，免得事后别人说三道四。霞瑞姑娘，蒙冤受屈，在丫环陪同下，毅然离开家门。路漫漫何处奔走，天苍苍哪里安身?姑娘看看丫环，丫环望望姑娘，两人心如火焚，悲困交加，姑娘紧咬嘴唇：“云妹，咱走，走到天涯海角，让天下人知道我王霞瑞是清白之人。”

主仆二人离开王家庄，朝着北斗星的方向走去。两个弱小女子，哪里经过这样的风霜。尤其是霞瑞姑娘，腹中已有三月的婴儿，行走更是艰难，双脚都磨成血泡，走走歇歇，歇歇走走。一天中午，她们走到黄河边，又饥，又渴，寸步不想挪动，就坐在河边歇息。

刚一坐下，就进入梦乡。待她们一觉醒来，面前站着一位和善可亲的老太太，篮子里盛着热腾腾的白蒸馍，没等她们开口，老太太就把馍送到她们手中。二人连个“谢”字都没来得及说，就狼吞虎咽地吃起来。老太太坐下来问道：“两位女子如何这样狼狈，你们要到哪里去？”霞瑞摇摇头，没说话，直爽的小云把姑娘的隐情一五一十讲了出来。

老太太启唇一笑：“这就是了。你们既然对我讲了真话，我也把真话告诉你们。我乃西天老母，在这里等候多时，专门来点化你们。霞瑞姑娘，你虽是母亲所生，但不是你母亲的骨血，而是东海龙王女儿的化身。你和庆隆相爱，情真意切，虽未遂愿，上天有眼，来世相逢。你所吞食的珠子正是庆隆的精髓。腹中婴儿就是你和庆隆的后代。”

霞瑞和小云双膝跪地，连连叩头，感谢西天老母的指点。快嘴的小云又问：“既是这样，请问老母，我们主仆该到哪里存身才好？”

老母没有正面回答，信口念了小诗一首让小云琢磨：朝曦昊天似血染，歌舞升平谁人欢？云海滚滚来天半，梦境滋滋润丹田。小云半天没有品出味道，原来这是首藏头诗。姑娘把四句诗的头四个字一连，即为“朝歌云梦”。

虽说知道了老母指点的去处，但又不愿到云梦隐身，于是又恳求说：“再求老母点化，那里离我家乡太近，鉴于父母盛怒，眼下我实在不能从命。”老母思忖片刻：“也罢。你们可先到临漳谷子村寄身，日后再作道理。”主仆二人连声道谢，抬头却不见了老母。

不一日，她们来到谷子村，却见一村妇在村头迎接。村妇像接闺女似地把她们接入家中。从此，她们老少三个女性组成了一个家庭，朝朝暮暮，形影不离，勤快的小云，把村妇和姑娘照料得十分如意。转眼六个月过去了。冬去春来，夏天又到了。

一天，姑娘正在院里给未来的孩子做衣服，顿觉腹内疼痛难忍，村妇和小云忙把姑娘扶进屋，让她躺在床上，一眨眼村妇变成了老母模样，慈祥地说：“霞瑞姑娘，我们该走了，不到云梦山，你的孩子不会出生的。”

说话间，只听一声巨响，狂风骤起，老母忙让小云也上到床上，闭上眼睛。那床慢悠悠飘了起来，不知不觉来到云梦上空，左转三圈右转三圈，悠然地落到地上。姑娘睁眼一看，好像来到人间仙境。峰峦叠翠，林木葱郁，云雾濛濛，气象万千，泉水潺潺，百鸟齐鸣，野花争妍斗艳，主仆看得眼花缭乱。西天老母把她们带到水帘洞口：“姑娘请进，这就是你的安身之处。”

举目一看，青山参天，野藤蔓蔓，野花芬芳，蝶飞燕舞，串串晶莹的水珠从洞口滴落，恰似一幅珠帘悬于洞口，顿觉心旷神怡，正要向西天老母说声谢谢，却不见了她的踪影。

她们二人漫步向洞中走去，只见洞顶琳琅满目的钟乳石千姿百态，景象奇特。洞的尽头有一水潭，清澈见底，小云舀了一瓢水，递与姑娘，这水甘甜可口，姑娘一饮而尽，顿觉清爽。霞瑞对这个安身之地十分满意，主仆二人拍手称好。

正值暑日，知了声声，真所谓“鸣蝉躁林愈静”。正当她俩欣赏这幽静的环境时，霞瑞又觉腹内疼痛，小云忙搀扶姑娘回到洞内，姑娘一阵头晕目眩，腹中的婴儿就呱呱坠地了。一看是个白胖的男孩，霞瑞、小云喜出望外，热泪盈眶。

满月之后，霞瑞把小云叫到跟前甜甜地问道：“云妹，这孩子该姓什么，叫什么呢?”“我说就姓你的姓，孩子降生时知了叫的正欢，取名叫蝉如何?”霞瑞一听十分高兴：“小云，你说到我心坎上了。不过，我因吞食奇谷而生子，就叫鬼谷子吧!”因此后人有叫他鬼谷子的，也有叫他王蝉的。在他成年以后也有叫他王禅的。

二、洞府真仙

传说鬼谷子本是道教的洞府真仙，位居第四座左位第十三人。被尊为玄微真人，又号玄微子。洞府就是洞天，是神仙住的名山圣境，又称洞天福地。传说有“十大洞天”“三十六小洞天”和“七十二福地”。《道藏》中有一部专写洞天福地的书叫做《洞天福地岳读名山记》，浙江余杭县境内的“洞霄宫”就是三十六小洞天和七十二福地之一，被称为“大涤洞天”。

元代的邓牧专有《洞霄图志》六卷，记叙该宫胜景。真仙又称真人，只有得道成仙后方可称为真人。庄子称老君为“博大真人”；唐玄宗称庄子为“南华真人”，称文子为“通玄真人”，称列子为“冲虚真人”，称庚桑子为“洞虚真人”；宋代道士张伯瑞被称为“紫阳真人”；元太祖封丘处机为“长春真人”。玄微真人鬼谷子住在鬼谷洞天，是为了在凡间度几位仙人去洞天。无奈苏、张、孙、庞诸弟子皆尘缘未尽，凡心未了。鬼谷子只好在暗中关注弟子，不时助正抑邪。相传鬼谷子有隐形藏体之术，混天移地之法；会投胎换骨，超脱生死；撒豆为兵，斩草为马；揣情摩意，纵横捭阖。

三、井中相会

相传，鬼谷子的母亲是天上彩霞星，托生在朝歌城南王家庄王员外家中，取名曰霞瑞。因食奇谷怀孕，被逐在云梦山中生子，取名鬼谷子。鬼谷子晚年归隐云梦山，一则聚徒讲学，二则孝敬老母。

一日，王霞瑞把鬼谷子叫到跟前，语重心长地说："娘为你饱受人间疾苦，如今为娘两鬓斑白，风烛残年，娘无他求，我死后，只求你把我葬在九龙聚汇的地方。儿若想娘，就在我墓旁挖一口井，从井水中可以看到为娘的身影。"话刚说完，就谢世归天了。鬼谷子悲痛不已，眼含热泪在九龙聚汇之处安葬了母亲。为早日再见慈母的尊容，便率弟子在母亲墓旁挖井不止。

整整挖了九九八十一日，方才把井凿成。果然井水中映出了他母亲的容颜。朝看母亲十八九，暮观老母鬓如霜。从此鬼谷子朝朝暮暮都跑到井边瞻仰母亲的遗容。

星转斗移，天长日久，鬼谷子又发现了此井的一个奥秘，根据井中的水位升降，可以洞察天气阴晴变化。井水上升，天阴有雨，井中下降，则无雨天晴，因此这口井又被称为"井中洞天"。此井是鬼谷子为怀念其母而凿，故曰"鬼谷井"。

四、夜识无字天书

相传，鬼谷子的师父升仙而去时，曾留下一卷竹简，简上书"天书"二字。打开看时，从头至尾竟无一字，鬼谷子一时心中纳闷。与师父相依为命九年时光，感情日笃，今天师父突然离去，一时觉得无着无落，心中空空荡荡的，无心茶饭，钻进自己的洞室倒头便睡。可又如何能睡得着，辗转反侧，老是想着那卷无字天书竹简，直折腾到黑，那竹简仍在眼前铺开卷起，卷起铺开，百思不得其解。索性爬将起来，点着松明火把，借着灯光一看，吓得他跳了起来，竹简上竟闪出道道金光，一行行蝌蚪文闪闪发光，鬼谷子叹道："莫非这就是世传'金书'"。一时兴致倍增，一口气读将下去，从头至尾背之成诵。

原来上面录着一部纵横家书，尽讲些捭阖、反应、内揵、抵巇、飞钳之术。共十三篇。

第一篇大意是说：与人辩论，要先抑制一下对方的势头，诱使对手反驳，以试探对方实力。有时也可以信口开河，以让对方放松警惕，倾吐衷肠；有时专听对方陈说，以考察其诚意。要反驳别人就要抓牢证据，要不让人抓到证据，就要滴水不漏。对付对手有时要开放，有时要封锁，能把放开与封锁灵活运用就可以滔滔不绝，变化多端。只有这样才可以说人，可以说家，可以说国，可以说天下。

第二篇大意是说：与人辩论，要运用反复的手法。反过去可以知其过去，复回来可知其现今。如果反反复复地试探，没有摸不到的底细。有时可以运用反辞来试探对手，要想听到声音就先沉默；要想张开，就先关闭；要想升高，就先下降；要想夺取，就先给予。

第三篇大意是说：要掌握进退的诀窍，这诀窍就是抓住君主的爱好，只要抓住了就可以随心所欲，独往独来。如能顺着君主的情绪去引导或提出建议，就能随机应变，说服君主。

第四篇大意说：凡事都不是铁板一块，都是有裂痕的。在辩论中要能利用别人的裂痕，同时，还要防止自己一方的裂痕。秋毫一样的裂痕，可以发展为泰山那样大。所以当裂痕小时要补住，大点时要切断裂缝，当大到不可收拾时就干脆将其打破，裂痕也就消灭了。

第五篇大意说：与人雄辩要设法钩出对方的意图，用飞扬之法套出对方的真话，再用钳子钳住，使其不得缩回，只好被牵着走。这样就可纵可横，可南可北，可东可西，可反可复。

第六篇大意说：要想说服他人，必先衡量一下自己的才能长短，比较优劣，自身才质不如他人，就不可能战胜他人。

第七篇大意说：要游说天下人君，必须会揣测诸侯真情，当人极度兴奋时，就无法隐瞒真情，当人极度恐惧时也无法隐瞒真情。在这时才能有效地游说和说服人。

第八篇大意说：善于摩意的人就像钓鱼一样不动声色，让鱼自动上钩，“摩”的目的就是刺激对方，让他不由自主地上你的钩。把事情办成功，使人不知不觉。

第九篇大意说：再游说人主，就要量天下之权，要比较各诸侯国的地形、谋略、财货、宾客、天时、安危，然后才能去游说。

第十篇大意说：要做大事，就要有一个向导，就像指南针一样，游说的向导是谋略，要先策划好，再按着策划的目的去游说。

第十一篇大意说：游说要先解疑，解疑的好办法是让对方道出实情。

第十二篇大意说：耳朵要善于听，眼睛要善于看，用天下之耳听，则无不闻；以天下之目看，则无不明；以天下之心虑，则无不知，只有对事情了如指掌，才能言无不验，言无不听。

第十三篇大意是：游说要靠巧辞，要对什么人说什么话，说什么话就要采用什么办法和说辞。不要简单直言，要研究讲话的对象，讲究讲话的技巧。

读完这十三篇，鬼谷子不禁拍案叫绝，平素与真人辩论从未有主动之时，原来真人有如此金书，不知者怎可与之争强。不禁想起与师父一起生活研习的时光，一股股暖流，一阵阵的心酸，不时又加几分孤寂。于是，熄了明火，钻进被窝睡去。夜间少不得梦见金书在手游说天下。

第二天醒来觉得十分困顿，但还是放心不下金书，又打开想细细推敲，不料书中又一字皆无。鬼谷子从头翻至书尾还是一字不见，更觉此书乃师父至宝，要十分珍重，走进内洞将其摊在卧榻之上。然后走出洞门照师父所嘱练功，作法，一日三餐虽不香甜，倒也好打发日子。不觉日落偏西，黑夜又至，鬼谷子走入内洞上榻休息，只见金书闪着金光，字迹依稀可见，鬼谷子越觉奇了，原来月光从天窗射进来照在金书上，至此鬼谷子发现这金书原属阴性，见日则不显，在月光，灯光下才显其缕缕金文，真仍旷世奇书。

鬼谷子走出内洞，到石桌边，掌上烛明火把，又读将起来。怎么换了文章，昨天读的本是纵横之言，如今怎么成了兵法？于是把竹简细细翻一遍，还是兵法，并无纵横之术。这书更加奇了。于是一口气读将下去，仍然是十三篇。

第一篇大意说：纵横捭阖乃万物之先，是方略、圆略、出入的门户。治世安民，一统天下，兵非良策。拥力而避战，交言而弭兵，不战而屈人，以战而止战才为上策。

第二篇大意说：兵机大事在知己知彼，要有致胜之谋，必须审其情，定其基。掌握敌情要快、要全，暴露给敌人的要少、要慢，阴谋与阳谋，阳谋与阴谋，方略与圆略，圆略与方略，要交替运用，不可固守一端。兵无定策，策无定形，使人无可乘之机，这就是“天神”。

第三篇大意说：君臣上下之事，有亲有疏，有远有近，君臣之间远远听到声音就思念，那是因为计谋相同，等待他来决策大事。在这种情况下君主要重用，将帅就要出仕，建功立业。如果在君主近前不被任用，那是计谋不合，在这个时候卸甲归田才是上策。

第四篇大意说：合久必分，分久必合，这是自然的。圣明君主，见到世事有了裂痕，就要设法去抵住，而抵法有几种，世可治则抵而塞之，不可治则抵而得之。五帝的政权就要夺取，诸侯之间的征伐是不可胜数的，这时参与争霸才是上策。

第五篇大意说：凡要决定远近征伐，就要权衡力量优劣。要考虑敌我双方财力、外交、环境、上下关系，那些有隐患的就可征服。征服的上策，是靠实力去威摄。然后，令其或纵或横，或南或北，或东或西，或反或复，听我摆布。

第六篇大意说：各国之间或联合，或对抗，要成就大业，需有全面计谋，要能携四海包诸侯。不是圣明君子，不能通过深层的智谋，则不能统帅国家，没有智慧的人不能主持用兵。要正确确立联合谁，打击谁，关键在于自己要有才能智慧，比较双方长短远近，然后才能可进、可退、可纵、可横，把兵法运用自如。

第七篇大意说：要策划国家大事，就必须会揣测他国的想法，如果不会揣情，虽有先王之道，圣智之谋，也是没用的。揣情是计谋的根本。

第八篇大意说：主持练兵，使军队能打胜仗而士兵又没畏惧感，使军队常在不动兵器、不花费钱物的情况下就能取得胜利，这才算“神明”。而要做到这一点，关键在于谋略，而谋略是否成功，关键又在于周密。

第九篇大意说：善于争霸天下的人，必须权衡天下各方的力量，要度量各国的土地人口、财富、地形、谋略、团结、外交、天时、人才、民心等国事。然后才能做出重大决策。

第十篇大意说：凡兵谋都有一定规律。事生谋，谋生计，计生议，议生说，说生进，进生退，退生制。计谋之用，公不如私，私不如法，正不如奇，奇流而不止。

第十一篇大意说：凡是要做出决断，都是因为有所疑惑，在一般情况下是可以通过分析来决断的。而军中大事，各方面头绪十分复杂，难于决断时，可以用占卜的方法决断大事。

第十二篇大意说：在用兵将之时要赏罚严明，用赏最重要的是公正。赏罚严明才能无往不胜。

第十三篇大意说：举事欲成乃人之常情，为此，有智慧的人不用自己的短处，而宁可用愚人的长处，不用自己笨拙的方面，而宁用愚人所擅长之处，只有这样才不会穷困。

鬼谷子的这十三篇兵法与后世所传孙子兵法十三篇，一文一武互为表里，相辅相成，鬼谷子所传为文兵法，而孙武所传为武兵法。鬼谷子主张以圆略致强兵，孙子则主张以方略而致全胜。两部兵法都主张不战而屈人之兵。鬼谷子从发现了金书的奥秘以后，每夜读一遍，则每夜可得一书。第三夜得的是致富奇书，里面讲些养殖方法，贸易原则，讲“将欲取之必先与之”，讲“世无可抵则深隐以待时”。此法由鬼谷子传给计然、范蠡（即陶朱公）及吕不韦、白圭等人。第四夜读到的是《养性修真大法》，里面主要讲述《本经阴符七术》，讲盛神靠五气，神为之长，心为之术。五气要靠志、思、神、德等精神因素。这四者不衰，静和养气才能成为真人。鬼谷子以此秘诀传茅濛、徐福，以后又传陶弘景诸人。第五夜读到推命相面术，里面讲天武经，命数、面相及人生祸福，此法亦由鬼谷子传给茅濛，以后又传给司马季主、李虚中等人。第六夜，第七夜……，鬼谷子每夜必读一遍，每次一部新书，天上人间、治国安邦、仕途经济、天文地理、星命术数、丹药养生，无所不有，取之不尽用之不竭。鬼谷子视为珍宝，爱不释手。

五、巧造无烟柴

鬼谷子的教学方法别具一格，每逢开学，他总是先让学生们共同去做一件事，借以考察学生的擅长，以便因才施教。并让学生们以师兄弟相称，但是称兄道弟不是以年龄大小而论，而是根据拜师的早晚来定的。孙膑、庞涓上山之初，鬼谷子问他们要学什么艺。孙膑和庞涓都说世道荒乱，要读兵书学兵法，以求治乱世定太平。鬼谷子答应了两人的要求。但是孙庞二人同时来鬼谷拜师，谁为师兄呢?

有一天吃罢早饭，鬼谷先生对孙膑、庞涓说："冬天快到了，咱们先把吃的、烧的备足，一旦大雪封门还能照常读书学艺。"说罢，交给孙膑、庞涓每人一把斧头，让他们两个人上山砍柴。并提出在十天之内看谁砍的柴多，好烧而且无烟。领先者为兄，居后者为弟。孙膑和庞涓都尊师命上山砍柴去了。孙膑和庞涓在上山路上，各自想着心事。孙膑觉得自己身小力薄，宜智取不宜强争。

头一天到山上，先察看地形，依崖头挖了一个大肚子小门的窑洞，然后用六天时间把砍来的柴放进窑洞，空手回到鬼谷洞来。庞涓呢？他依凭着自己身强力壮，砍柴时捡最大最干的树枝砍，每天挑一担干柴下山，放在鬼谷先生面前，显示他的能干。

他见孙膑空手而归，便暗自高兴，心想"大师兄是我的了！"鬼谷子对庞涓的满载而归没有表扬，对孙膑的空手而归也没有责备，只是观察孙庞二人的表情。只见孙膑没有因为自己无一干柴而气短，而庞涓却因为有大堆干柴而气盛。

到第七天头上，孙膑把堆满的柴禾引着，柴木燃烧起来，等到一定火候封闭了窑门。火完全熄灭之后，孙膑扒开窑洞门，搬出来一堆堆木炭，挑回放在老师面前。

十天期满，鬼谷子在洞中点燃了庞涓的干柴，火势虽然很凶，但浓烟呛得人透不过气来，师徒三人只得到窑洞外面去。接着又点燃了孙膑的木炭，火势既旺又没有烟。相传烧木炭的技术就是孙膑发明的，至今有些地区的炭窑还供奉孙膑。

鬼谷先生高兴地说："孙膑当为师兄。"并让庞涓向孙膑施礼拜师兄。庞涓对孙膑很不服气，从此，产生了忌恨孙膑的念头。鬼谷先生根据考核的结果，按照孙膑和庞涓各自的擅长，让孙膑侧重学谋略而兼战法；让庞涓主学战法而兼学谋略。

六、鬼谷村的由来

鬼谷村在河南省汝阳县云梦中下，青溪河畔。此村北距洛阳八十公里，东距阳城六十七公里，《史记》所言颍川阳城之鬼谷墟即在村北四里谷墓山下。

《东周列国志》说："周之阳城有一处地面名曰鬼谷，因其山深树密幽不可测，似非人之所居故云鬼谷。"鬼谷村位于紫罗阙内云梦山下，远古时候确是山林茂密，幽不可测。相传苏秦、张仪督志好学，立志为国家干一番事业，先求学于山东稷下学宫，因学而不趣，故辞师回来，再向南山求学，以树皮为袋，盛文房之物，凡遇佳言美句，必抄于竹简之上，装于袋中。一天二人困息于紫罗口大树下，忽遇一先生问他二人为什么这么勤奋好学？二人打量这位长者，身高九尺，目若朗星，凝神守一，朴而不露，就连忙答道："弟子是苏秦、张仪也。因到学宫求学不成，故而发愤游天下名山，集天下名言，求天下名师，做天下名人。"那位长者笑而奇之，秦、仪问曰："先生何人也？"长者答曰："我生于归谷亦云鬼谷，鬼者归也，故云鬼谷子。"二人即拜鬼谷子为师。归字为上声，鬼字为去声。至今鬼谷村的人还自称"归谷"，不仅如此，凡汝阳人，无论谁都还把鬼谷念为"归谷"。

七、啥时月亮圆

中秋之夜，秋风习习，月光如洗，满山的萤火虫在空中飞来舞去。鬼谷子领着孙膑、庞涓漫步走在青龙背上举目赏月。鬼谷子漫不经心地问道："你们说说什么时候月亮最圆？"庞涓不加思考抢先答道："十五的月亮最圆，这个连三岁的小孩子都知道。"鬼谷子看看孙膑，孙膑思考了一会说："我认为师弟回答的不完全对。根据我平时跟老师观察星辰，应说有时圆四不圆五。就是大月十四晚上月亮最圆，小月十五晚上最圆。"鬼谷子点点头，语重心长地说："今后你们对任何事物都要进行认真地观察，才能找到正确的结论。处处留心皆学问嘛！"最后，鬼谷子又给他们出了个题目，用最简短的文字，描述中秋夜空的景象。庞涓又一次抢先对老师说："我只用八个字，就可以把这宁静的夜空描绘出来——明月当空，繁星点点。"鬼谷子又让孙膑回答。孙膑胸有成竹地说："我只用四个字——月朗星稀。"鬼谷子捻须称道："妙、妙"。他把庞涓叫到跟前，望着天空说："你再仔细看看，明月当空，能繁星点点吗？"庞涓望着天空，只看见稀疏的几颗星星，内疚不已。

八、百担有余

鬼谷子为了测验两个弟子的智慧，便把孙、庞二人叫到面前说："尔等跟我学艺三年，学业大有长进。明日考试，你二人各带一把斧头上山砍柴，各砍百担有余，看谁先办到"。

第二天一早，庞涓就持斧头上山去，拼命地砍呀砍呀，直砍到红日西坠，月出东山才归来，第三天又砍，第四天又砍……边砍边运，总算把百担柴运下山来。孙膑呢？哪天都睡到日上三竿，才慢悠悠地起来，吃早点，辞别老师，持斧上山去。

上山之后，又找个避风向阳的地方，读一阵书，睡一阵觉，直到太阳快要落山时，才动手砍了几枝。最后砍了一条扁担，将两捆柴禾挑下山来。规定的时间到了。

老师说："柴砍够数了吗？"

二人齐答："够了"。

鬼谷子就来到二人柴垛跟前。庞涓指着大堆柴禾说："请老师查点，足足百担有余。

鬼谷子认真清点后说："这只有百担而无余"。

又问孙膑："你的呢？"

孙膑指着一边两捆柴禾和一条扁担说："在这里，请老师查点。"

老师说："这怎么能够数呢？"

孙膑拿起扁担说："老师，这根是柏木扁担，抵了百担之数，这两捆柴禾全是榆树枝，这不是柏（百）担有榆（余）吗？"

鬼谷子听后点点头说："嗯！很好，很好！"

九、三文钱堆满屋

有一天，鬼谷子又把孙膑、庞涓叫到身边，对他们说："我每人给你们三文钱，去阳城买些货物，不管是什么，只要能把三间房子堆满就中。"

庞涓到集上一看，什么东西都不便宜，三文钱不论买什么都没法把三间屋子堆满。他想，自己没办法，孙膑也不会有办法。于是决定挑一种最便宜的，堆起来最占地方的东西买回去。他在集上左转右转，发现灯芯草最合算，于是买了三文钱的灯芯草。

果然不错，三文钱竟买到三四担，庞涓一担担从阳城挑回家，堆在屋里。尽管庞涓把灯芯草尽量弄蓬松堆在门口，可还是远远堆不满屋。在庞涓汗流满面，往鬼谷担灯芯草的时候，孙膑已从集上买了三根小蜡烛，回到鬼谷分别放入三间屋里，点燃之后照得满屋通明，烛光四溢。鬼谷子看着两个弟子的作为，神秘地笑了。

十、请师出屋

又一天，鬼谷子对两个弟子说："从今天开始，我坐在屋里三天不动，谁能想办法把我请出屋去？"

庞涓说："这还不好办？"

他到外边转了一圈说："老师，山下来了一伙强盗，要占山为王，快去看看吧。"

鬼谷子说："这里乃不毛之地，哪能藏龙卧虎，强盗来此何干？真如此，你就用兵法治服他们吧。"

隔了一夜，庞涓慌慌张张又找老师说："老师，大事不好，咱们的柴草垛被人点着了，你快看看吧？"

鬼谷子探身向外一望，果见大门外浓烟滚滚，便把桌子一拍说："大胆顽徒，没有本事请我出去，竟将柴草点着，命你速去扑火！"

庞涓无奈，只好前去救火。又隔了一夜，庞涓手持一封信说："老师，有人送信，说师爷去世，要你速回家奔丧，来人正在山下等你。"

鬼谷子喝到："狂徒，老爷子早已去世，为何满口喷粪？"

庞涓三次请师出门均未成功，垂头丧气地走出宅院。

三日下午，天将黄昏，孙膑才睡意未定地来见老师说："老师，请你出屋难，把你请进屋可不难。"

鬼谷子说："一样难！"

孙膑摇着头说："我不信。"

鬼谷子说："走。"

说着师徒二人来到院中。孙膑急忙跪拜说："老师，我总算把你请出来了。"

鬼谷子一愣，哈哈大笑起来。

十一、快拿慢吃

鬼谷子对孙庞几次智力测验，庞涓老是败下风，心里又老是不服气。庞涓想，老师偏向孙膑，所以出的题目总是不出孙膑的优势范围。如果在我处优势的事情上出题……鬼谷子先生早知庞涓的想法，于是选了一个庞涓最拿手的事，来考孙庞二人。

鬼谷先生说："我再出个题目，你们二人看如何?"

于是鬼谷心里暗自高兴。老师宣布规则："现在有五个馒头，吃完为止，看谁吃的多。一只手只能拿一个，吃完才能再拿，吃得多的为胜。"

听老师说完，庞涓上前拿了两个，一只手里抓了一个，狼吞虎咽地吃起来。孙膑见此情形，慢慢地伸出一只手拿起一个馒头，慢慢地咬、慢慢地嚼、慢慢地咽。庞涓的两个馒头都快吃完了，孙膑的一个馒头才吃下去。

这时孙膑伸出两只手，把剩下的两个馒头全拿起来，一手一个，又慢慢地吃起来。往左手的馒头上咬一口，又在右手的馒头上咬一口。

庞涓吃完两个馒头，伸手再去拿馒头时，篮子里已空了。他看着孙膑正在细嚼慢咽着，气得目瞪口呆。

十二、夜半驱鼠

一天晚上，鬼谷子把弟子孙膑、庞涓叫到跟前说："这几天有只老鼠总在我床榻上跑来跑去，搞得我睡不好觉，你们谁来帮我抓住这只老鼠?"

庞涓抢先说："老师，让我来抓吧。"

他想：平时都是夸奖孙膑，显得我无能。这次我替老师抓住老鼠，总该夸奖我一次了吧。这天晚上，庞涓早早来到老师榻前守候，目不转睛盯着床榻。可是他整整等了一夜，直到天亮，也没见到老鼠的踪影。

第二天，他抱怨老师说："哪有什么老鼠，我守床前一夜没合眼，可是连个老鼠影儿都没见到。""今晚让孙膑替你逮老鼠吧!"

鬼谷子说。晚上，孙膑安排老师上床休息之后，自己恭恭敬敬在老师床前，等待老鼠的出现。可是一直到天亮也没有看见老鼠出现。他什么也没说，第二天晚上照例到老师床前守候。就这样一连守了三个晚上，始终没有见到老鼠的踪影。

第四天晚上，孙膑一如既往，又到老师床前抓老鼠。夜深人静之后，鬼谷子突然坐起来拉着孙膑的手说："这几天让你吃苦啦。我这里根本没有老鼠，我是想考验一下你们的耐性。你胜利啦。从今天开始我给你点小锅饭吃。”于是鬼谷子拿出孙子兵法，一字一句给孙膑讲解起来。就这样一连十几个晚上，鬼谷子把孙子兵法托盘传授给了孙膑。所以孙膑比庞涓计高一筹。

十三、懒人爱种绿豆

鬼谷子共有四个学生。除孙膑、庞涓以外，还有张仪和苏秦。其中庞涓，为人轻薄、尖酸、好逸恶劳。而同他一起学习兵家之说的孙膑却忠厚、老实、勤奋好学。

一天课余，师徒又要上山采药了，庞涓竟使出了“瞒天过海”之计，托病不上山留在家里做饭。师父笑了笑，带上孙膑等人上山走了。庞涓吃饱了倒头便睡，一觉醒来已是日薄西山。眼看师父就要回来了，才慌慌张张打火做饭。锅内水开了，还没想好做什么，最后干脆来个“李代桃僵”之计。他取出一大碗绿豆倒进锅里。就在这时，师父同三个师兄背着满筐草药走进门来。

苏秦进门就问：“庞兄，做什么好吃的？”

庞涓才答讪着说：“我想大家回来一定又饥又渴，便煮了些绿豆。渴了，现在就喝汤；饥了，绿豆马上便熟。”

张仪一听，就生气地说：“大伙上山一天，就让吃这呀？”

孙膑把袖子一挽说：“庞兄病了，还给咱做了绿豆汤，我来和面给大家做馍吃。”

鬼谷子笑了笑说：“懒人爱种绿豆嘛！”说着就进洞去了。

直到如今，登封还流传着：“懒人爱种绿豆”这种说法。

十四、治水牛

传说鬼谷子下山以后，住在北郭，当时水牛会说话，但它脾气暴躁，懒而且馋。它在下田以前，老爱跟主人讲理，比如“我为什么要拉犁？人怎么不拉？”犁田的时候，它又说：“我要歇息了，明天再说吧！”于是就地一滚，一躺就是半天。它还要吃好的，主人不给它好的吃，它就不高兴，一不高兴就嚷嚷。

总之，因为它能说善辩，所以高兴就干，不高兴就不干。主人没办法，就去找鬼谷先生。鬼谷先生说：“这不要紧，你拿一条破帕，把牛脖子缠了，它就不会再调皮了。”主人回家找来一条洗澡布，在牛脖子上缠了一圈，于是牛再也不能说话了。

直至如今，牛一天还流三次眼泪呢！它们的脖子上长着一道白色的毛，据说就是洗澡帕缠过的地方。

十五、给国君换腿

鬼谷子医术高明，常常是药到病除，妙手回春。正好国君得了一种怪病，腿脚流浓糜烂，不能行走，国君有一个佞臣，极为奸诈，好事不做，坏事干绝，为了讨好国君，他便奏说鬼谷子能治好这种病。鬼谷先生被请到王宫。他诊过国君的病以后，认为能够治好，但必须用另外一个人的腿换下国君的病腿才好。国君便要在亲近的官员里头挑一双好脚。这一来可把满朝文武急坏了，生怕挑中自己，纷纷向鬼谷先生使眼色。鬼谷先生不慌不忙，一下子挑中了那个佞臣，尽管佞臣十二分地不愿意，面对国君的淫威他无可奈何。国君的腿治好了，那个佞臣的腿却没有了，不过鬼谷子自有办法，他弄了一对狗腿给佞臣安上。于是民间就有了狗腿子的说法。

十六、点化易嘉德

大庸西有天门山，高数千仞，云烟飘渺，古松垂壁。鬼谷洞就在天门山的绝壁，几乎无路可上。有一个打柴的误闯进洞，见洞壁上刻满了文字，字体如篆，稀奇古怪不可辨认。想往里面走，却见云气怒涌，不可抵挡。打柴的回来向人们说起，人们争相去寻找，几乎一无所获，根本没法找到洞口。天门山顶端为一天池，有泉水像乳汁般往下滴，一年四季不断。

有一个小孩在天门山玩要，因为疲倦而睡着了，忽然有云彩把他飘起来，升到一个高台上。小孩睁眼一看，上面有一老叟，正在摆棋。老者给了他一枚棋子，挥手让他走。忽然一阵风吹来，小孩不知不觉地到原来的地方，棋子还握在手上。

回到家里，已过了三天。有人说小孩就是易嘉德，后来学仙，喜欢喝酒，整天烂醉如泥。有时在大街上漫游，说人的吉凶福祸及隐秘事体无不应验，大家都称他为仙人。后来不知所终。摆棋老者可能就是鬼谷子，他特意点化了易喜德。易氏为唐人，相传为永定仙人，今大庸市永定区鲜鱼巷有他所留的遗迹。

十七、好心无好报

有一天，鬼谷子自己留在家里，让四个弟子进山采药去，孙膑等走进嵩山，刚刨了一阵，就惊起一只灰狼跑下山去。庞涓心里一嘀咕，这不正好用上“以逸待劳”之计吗？就郑重其事地对大家说：“嵩山上豺狼虎豹甚多，不如让找攀上高树查看虎狼出没，大伙也好放心刨药。”

大家正在为此担心，听他一说都很赞成。庞涓在崖边找好一棵高树，攀了上去，咋咋唬唬吆喝了一阵，然后，就折了一些树枝，横搭在他选好的两条树杈上，躺上去做他的南柯美梦了。孙膑正放心在山坡上刨呀、刨呀！突然，后面“咔嚓、唉呀”一声。原来是庞涓从树杈上掉下了山崖。孙膑急忙跑到崖边一看，只见庞涓正挂在下面一棵树杈上。

“庞兄抓好！”孙膑高喊一声，便手抓荆棘，攀下了山崖。这时，张仪、苏秦也赶到了，三人手牵着手，把庞涓救了上来。三人轮班背着摔伤的庞涓回到鬼谷，向师父说明了事情的经过。

鬼谷子笑笑说：“好心尚且无好报，何况庞涓！”如今，登封人还常用这句话来比喻居心不良的人哩。

十八、腹中有底，难下稀水

庞涓从树上掉下来受了伤，生活不方便。这回可急坏了孙膑。他忙着煎药、送水、端饭、铺床……师父每天都让庞涓吃一些蒸好的“黄精”，一天，又让庞涓吃下了一枝“嵩参”。庞涓的伤痛一天天地好起来，他从心里对孙膑无限感激，看不起人的劲头也有了些收敛，两个人经常讨论些课业上的问题，愈来愈有了手足之情。

这天，师父又要外出，庞涓的伤痛也好多了，便主动承担起翻晒药材的活儿，让别人都到西坡开地种黍去了。哪知庞涓又在用“混水摸鱼”之计，想独自品尝师父蒸好的药材。他一边摊晒，一边一样一样地品嚼。当他一打开“黄精”，便馋得口水直流，他蹲下身子大口吃着，越吃越香。当他又翻出十多支“嵩参”时，更舍不得撒手了。

心中想：“前几天师父只给我吃了一支伤就好得这么快，要吃下两支如何呢?”想到这里，便抓起一支大嚼起来，不多一会儿，一连吞下三支。虽然初春的凉风袭人，他却越觉得浑身生热，头上竟然冒起汗来，他找了块阴凉地方，躺下睡起来了。

一觉醒来，已是红日偏西。猛一抬头，远远看见师父已经登上了东山。这时，他的心中开始嘀咕起来，师父若问起“嵩参”之事，该如何回答呢？他愣了片刻，眉头一皱，一个“金蝉脱壳”之计便上了心头。他装出一副难受的样子，朝西坡走来。

苏秦一见便问，“庞兄，怎么啦?”

庞涓紧锁双眉答道：“今天不知为何腰酸背疼的厉害，谁去帮我把药材收起来，顺便把晚饭也做好吧。”苏秦、张仪你推我，我推你，最后还是落在孙膑身上。孙膑正在收药，师父就到了跟前。

收完后，师父把弟子都叫到眼前，问起“嵩参”之事，别人都说不知道，庞涓也跟着回答。晚饭时，庞涓毫无饿意，怎么也吃不下。孙膑心疼地向前问病。

师父笑笑说："他没病，是腹中有底，难下稀水！"

庞涓知道自己的行动已为师父识破，脸火辣辣的，一声不吭回洞睡觉去了。"腹中有底，难下稀水。"这句话今天在登封还流传着。

十九、鬼谷洞与云梦豆腐

当初孙膑、庞涓一块来到云梦山拜鬼谷子为师，每天练武习文，倒也不错，可后来慢慢地显出差别来了。孙膑是敬师如敬父，吃苦耐劳，毫无怨言。庞涓呢，光想着下山当官拿俸禄，学到一星半点本领，就觉得了不起，因此练武偷懒，干活耍滑，所以鬼谷子喜欢孙膑，讨厌庞涓。可庞涓不从自己身上找原因，倒怨恨起孙膑来了，常找孙膑的茬，陷害孙膑。

有一天，师父生病了，吃不下饭，躺在水帘洞里呻吟不止。孙膑着急了，得想个法子让老师吃点新鲜东西，可山上有啥呀，五谷杂粮，煮煮蒸蒸，都吃腻了。想个啥法，叫它变变样呢？哎，不如把这黄豆青豆磨磨，叫老师喝豌豆浆变变口味儿。说干就干，他找了两块石头，把豆子磨成了浆，放在洞口外一口锅里煮。不一会儿，煮了一锅热气腾腾的豆浆。孙膑望着豆浆锅，心想，可别凉了。干脆我连锅端进洞里，叫师父趁热喝吧。孙膑端着一锅浆就往山洞里走去。到洞口那儿，端不动了，就放下锅喘喘气。谁知洞口崖上晾着他平时淋的盐，夜间露水大，湿了。露水经盐一过滴到锅里，一霎时，那豆浆结成了块。孙膑看了，十分惊奇。咦，这是咋回事呀？天也不算太冷，豆浆咋冻了？要说冻了吧，还冒着热气呢。再仔细一看原来是崖顶盐上的露水滴进锅里。噢，是"盐露"呀！那不要紧，盐是食中宝，甘露是仙人餐，这说不定是天赐的佳肴珍馐呢。孙膑把凝聚的豆浆端进洞里，盛了一碗，请师父品尝，果然松软鲜嫩。

师父一连喝了三碗，喝饱了才问："徒儿，今天给为师做的是什么东西啊？"

孙膑随口答道："师父，这是'豆腐肉'哎！好吃吗？"

"嗯，好吃，好吃！""好吃，明儿我还给你做。"

从那以后，孙膑就每天给师父做一锅"豆腐肉"吃。

不几天，师父的病就好了。师父这次病好后，对孙膑更好了，背着庞涓多教给孙膑好多绝技。孙膑的能耐就越来越大了。庞涓呢，见师父常常当着他的面夸奖孙膑，又常背着自己单教孙膑，甭提多恼恨了。他想，非得坑你们一次不行，叫你们俩也尝尝我的苦头。

这天夜里，庞涓悄悄起来，来到洞口外边，把崖上的盐巴拉一边，弄些白石膏面放上，泼上水，就不辞而别，独自下山走了。

第二天一早，孙膑又起来煮了一锅豆浆，端到山洞口接盐露水，哪知，流下来的不是盐露水，而是冲下来的白石粉呀。不过，说也奇怪，那豆浆照样结成了块。孙膑端过去让老师一吃，也还不错，不过吃完之后，稍微有点“苦头”。

原来，这都是在师父预料之中的事，师父是有意用这法考验两个徒弟的。后来，这事传到了民间，民间就有了做豆腐的行业。豆腐就是“豆腐肉”的简称。因为做豆腐的分别是孙膑、庞涓两个人教的，所以点豆腐有两种方法。一种是用卤水，一种是用石膏。这两种方法点出来的豆腐大家都爱吃。不过，细品起来还是有差别。卤水点的豆腐有一股子甜味，石膏点的豆腐总有那么一点苦头。不信，你就仔细品尝品尝。

二十、鬼谷子试剑石

在云梦山水帘洞东面王祖师庙里，剑峪沟之巅有一个石壁约五六丈高，中间一道长印，像长剑劈石留下的痕迹。传说鬼谷子教练弟子时，在剑峪沟里铸剑，请欧阳冶子的后人欧阳赤眉在剑峪沟炼剑，那赤眉子在山中选铁入炉，用木材炼剑，但木材烧了很多，火色总是不够。

一天鬼谷子把众徒弟都找来教他们找炼剑的柴火，众弟子到处砍柴，一会儿砍了很多柴，堆了一大场。孙膑一声不响到后沟挖了一个土窑，上山砍了些粗大的山栗柴，放在窑里加火烧了起来，等到火烧通红时把窑口封住，停了三天挖开窑口，烧过的木柴全部变成了炭，至今鬼谷后沟还有孙膑的炭窑凹。孙膑把炭送交炼剑的师傅，赤眉子一看这么多的好炭，生火炼剑，炼到七七四十九天，炼成一把锋利的宝剑，鬼谷先生取出剑一观，只见这剑五指开阔，长七尺，剑柄上犀角夹嵌着七星宝珠，先生将剑一挥，吹毛断发，运用神力一剑照山岩劈去，宝剑垂直而下，掤开山石，哗啦一声分开，形成一条长沟，至今剑峪沟里还有鬼谷先生试剑的遗迹，这就是试剑石的真传。这个云梦山剑峪沟就是当年韩国的七里山，欧阳大师炼剑处。

二十一、斩草为马 撒豆成兵

孙膑和庞涓入山学艺，鬼谷子感到很高兴。他很希望这二人多学一些，学深一些。过了一段时间，鬼谷子见二人的基本功已扎实。

他将孙膑和庞涓叫到身边说："你二人已经有了一些基础，今天，我教你们排兵布阵。"

孙膑和庞涓相互对视了一下，面露难色。

鬼谷子看出了他们的心思，就说："你们是不是想说：没有兵将，如何排兵布阵。"

"正是。""你们看，"

鬼谷子指着桌上说，"这不是兵将吗？"

孙膑和庞涓往桌上看去，见只有一碗绿豆，心里觉得好笑，可又不敢笑。

鬼谷子知道二人的小心思，于是带着二人来到演兵岭上，手抓一把豆，口中念念有词，说了声"疾"！随手将豆撒了出去，说来也怪，这些绿豆一落地，都变成了活的兵将，并且分成了赤、皂两队人马。演兵岭上顿时人声鼎沸，战马嘶鸣。三人已经站在高台上。孙膑和庞涓都看呆了，连先生叫他们都没有听见。鬼谷子命孙膑为赤军帅，庞涓为皂军帅，各领已军与对方交战，鬼谷子在一旁指导；有时鬼谷子为赤方帅，孙、庞为皂方帅。经过多次演练，孙膑和庞涓的本领大长。稍事休息，鬼谷子又教起布阵来。

鬼谷子说："布阵之要诀在于进可攻，退可守，攻守兼备。攻则摧枯拉朽，守则固若金汤。先看此阵。"说着，鬼谷子随手一挥，兵将排列出一阵，蜿蜒起伏，犹如长蛇一般。

鬼谷子说："此阵以其象形而名，叫长蛇阵。如常山之蛇，击首则尾至，击尾则首至，击中则首尾俱至。其它阵法，大致如此。你二人可细心研读兵法，将书中所言，与实际运用结合，融会贯通，方能得其真谛。"

"弟子记下了。"

"好，你们练吧。"孙膑、庞涓在鬼谷子的指点下，在演兵岭摆开了各种阵法。有风后握奇阵、黄帝八卦阵、周易师卦阵、鬼谷子的颠倒八门阵。斩草为马，撒豆为兵，云梦山演兵岭成了孙、庞斗智斗勇的战场。

二十二、鬼谷子相孙膑

孙膑与鬼谷先生在鬼谷中谈道，鬼谷子忽然见孙膑脸上红气如晚霞映水之色，黑气如乌鸦集林之象。鬼谷子吃惊地说："黑红之气缠于岳渎，此为珠子陷于泥中，主身陷囚狱，伤命之难。"

孙膑说："弟子在幽谷之中，身乐心安，养性修心，有什么气映于脸面？"

鬼谷子说："不然，惟气色朝出于面，暮归于肺，并非论人之忧患而成凶，亦非论人之安静而成吉。凡气色之本源，乃由心、肝、脾、肺、肾五脏而发，青、黄、赤、白、黑五色而焰其状，有大小不同与形状不一，或现五彩，或焰三光，或如浮云，或如飞鸟。青色主忧惊，赤色主血光口舌，白色主折伤教服，黑色主牢狱死亡，黄色主吉庆，紫主降天禄。"

孙膑问道："为什么五色之中，以黄色和紫色最吉？"

鬼谷子说："黄色乃胎养之气，四季各旺十八日，所以吉庆，紫色乃五脏之精华，五色中之彩色，故降天禄。"

孙膑拜求脱难之法，鬼谷子细察孙膑之面，指着说："看你的气虽然浮沉未空，眼有守神，也无大凶。"孙膑问论吉凶既以气色为主，如何又论眼神。

鬼谷子说："人面上有黑气如愁云四起，眼有神光而安静，纵有灾难，无伤于命，此便为神能留气。一面之间气色看上去虽然光明华彩，神泛睛浮，纵有小吉，而其凶也会速至。此便为气不能留神。

所以，人有气而无色者，不能突然发达；有色而无气者，发而不久。譬如说神者如月亮之光，气者如星之光，明星之多，不如孤月独明。所以说，论气色必要形与神相照，气与色相扶。"

二十三、鬼谷子相庞涓

在鬼谷子的细心教导下，孙膑和庞涓刻苦学习，精心研究，对兵法颇有造诣了。眼见时光荏苒，三年有余，俩人离开鬼谷子，到外界闯世界的欲望越来越大。

有一天，庞涓下山打水时，听说魏国用重金访贤聘能，担任将相，心里再也按耐不住了，他急忙回到山中向鬼谷子先生辞行。见到先生后，又怕先生不让走，吞吞吐吐，没说个所以然来。

鬼谷子早就知道庞涓心里的想法，就笑着对庞涓说："你的时运已经来了，为什么不下山去求取富贵？"庞涓一听，说到自己的心坎上了，忙跪下说："弟子正有此意，不知下山以后能否成功。"

鬼谷子说："你到山中摘一只花来，我给你占上一课。"庞涓到山中去摘花，可六月的天，花期都过了，找了半天，只找到了一只草花。庞涓将此花连根拔起，想回去见先生，可又想草花地位卑贱，成不了大气候，又把草花扔在地上。但周围实在找不到任何花，只好又将草花拣起来放在袖中，回去见先生说："山里没有花"。

鬼谷子问："你袖子里是什么？"

庞涓只好将草花拿出来："此乃草花，花卑位贱"。

"同样为花，何言贵贱？"鬼谷子说着，随手将花接了过来。这花离土时间已长，又晒了太阳，已经半萎了。

鬼谷子接着说："你知道这花的名子吗？这是马兜铃。一开就是十二朵，正好是你发迹的年数。采于鬼谷，见日而萎，你成功的地方，一定是魏国。但你会欺骗他人，也会因为欺骗他人而被他人欺骗。所以一定不可欺骗他人，否则，后果难以预料。我给你八个字，一定要记住。"

"弟子愿意领教。"

"遇羊而荣，遇马而瘁。"

"先生的教诲，弟子一定铭之肺腑。"

正好孙膑也在身旁，庞涓噙着泪对孙膑说："我与孙兄有八拜之交，情同手足，这次下山，只要我能发迹，一定推荐师兄，共建大业。"

"此话当真？"

"我若失信，当死于乱箭之下！"

二十四、鬼谷子二相孙膑

孙膑跟随着先生又过了一年的时间，心里一直盼着庞涓的来信，可庞涓一去就音信皆无，也不知是否得志。几天以后，鬼谷子的老友墨羽之后墨翟来访。见到孙膑，深为欣赏，愿意到魏国为孙膑打探消息。半个月后，孙膑接到了庞涓的信。

信中大约是：我蒙兄长的庇护，得到魏王的重用，特别向魏王推荐了兄长，希望兄长能随信使一同来魏，共图大业等等。孙膑将信交给了先生。鬼谷子知道庞涓已得重用，但来信一点也不提到先生。却是个刻薄忘本的人。心知庞涓嫉妒心极强，孙膑此去，岂能两立？必遭灾难。想要阻止他，看到魏王的使臣十分郑重，孙膑也已行色匆匆，不好阻挡。也让孙膑去摘一朵山花，鬼谷子为孙膑占卜。孙膑等不及山中采花，见先生几案上供有黄菊一枝，就随手拔下一只，呈给鬼谷子看后又插入瓶中。

鬼谷子说："此花见被折断，不为完好，但性耐岁寒，经霜不坏，虽有残害，不为大凶。且喜供养瓶中，为人所爱重。瓶乃范金而成，钟鼎之属，终当威行霜雪。但此花在经提拔，恐一时不能得意；仍旧归瓶，你的成功之处，应还是在故土。”

孙膑说：“弟子记下了。”就要告辞。

“莫忙。”鬼谷子看着孙膑说，眼色有些凄然，“我再赠你锦囊一个，必须遇到万分危急的时刻才能打开。”

“是，先生。”孙膑说完，就随着魏国的使者下山了。

附录3：有关鬼谷子的价值和影响

一、鬼谷子在中国的影响和价值

1.《鬼谷子》的文献价值和主要思想

《鬼谷子》是一本珍贵的文献资料，这本书历来未受到应有的重视，许多哲学史和思想史著作很少提到它，只是近几年才被发现它的价值。战国至汉初诸子中的纵横家一派人物，在显名扬威的欲望推动下，做了历史发展的工具。张仪相秦，诸侯震恐；苏秦合纵，六国亲附。他们都曾煊赫一时，功业不在其它派别人物之下。太史公曰“此其智有过人者”（《史记·苏秦列传》），其著作岂无可取乎！纵横家的著作，《汉书·艺文志》著录有十二种，到了《隋书·经籍志》中就只有一种了，其余十一种都已失传。纵横家著作失传有深刻的文化背景。

中国古代文化的主要派别都对其抱有偏见，儒家以其无助于教化而排除它，道家以其向慕势利而鄙视它，法家以其利口乱法而弃绝它。《隋书·经籍志》中著录的惟一的纵横家著作就是《鬼谷子》，有两个注本，一个是皇甫谧的注本，一个是乐一的注本，各三卷。然而《汉书·艺文志》中没有《鬼谷子》这个书名，研究者认为《鬼谷子》即是《汉书·艺文志》中的《苏子》一书。这本书真正的作者是苏秦，苏秦为了神秘其说，将自著之书假托为鬼谷先生之作，所以最初的书名应该是《鬼谷子》。班固写《汉书》时作了核实，将书名改为《苏子》。但汉代以后流传的本子仍以《鬼谷子》为书名，所以《隋书·经籍志》中的两个注本又恢复了《鬼谷子》的名称。

由此看来，《鬼谷子》是流传至今的战国纵横家的惟一著作，单从这一点说它就足可珍贵了。之所以值得珍贵，更因为《鬼谷子》

这本书内容特殊。《隋书·经籍志》说："纵横者，所以明辩说、善辞令，以通上下志者也。""辩说"与"辞令"有区别，"辞令"主要是遣词造句问题，"辩说"主要是论证方法和思想方法问题。《鬼谷子》书自称其内容为"说之法""说人主"之法（《鬼谷子·揣篇》。以下引《鬼谷子》文只注篇名）、"说人之法"（《捭阖》）。这就是说《鬼谷子》是纵横家的一本关于方法论的专著。纵横游说之士与诸侯、卿相没有宗族之亲、故旧之交，他们要取得当权者信任，主要依靠辩说。《史记·张仪列传》记载：张仪已学而游诸侯。尝从楚相饮，已而楚相亡璧，门下意张仪，曰："仪贫无行，必此盗相君之璧。"共执张仪，掠笞数百，不服，醳（释）之。其妻曰："嘻！子毋读书游说，安得此厚乎？"张仪曰："视吾舌尚在不？"其妻笑曰："舌在也。"仪曰："足矣。"然而一条舌头闯天下谈何容易。要说服当权人物，不但要对天下形势有充分了解，还要善于分析形势，提出对策，还要揣摩透说服对象的意图和性格，用自己的言论抓住对方，迎合对方，支配对方。出于游说的需要，纵横家不能不注意研究方法论。

广义而言，除隐逸避世的道家人物外，儒、墨、名、法、阴阳各派人物都是游说之士。但纵横家有着不同于各家的特点，他们投入实际活动时，本身没有什么声望，又没有著名先师作招牌，遭受的挫折更多，对势利社会的世态炎凉感受更深。起初苏秦"出游数岁，大困而归。兄弟嫂妹妻妾皆窃笑之"（《史记·苏秦列传》）。后来取得成功，为纵约长，并相六国，路过家乡洛阳，周显苏秦之昆弟妻嫂侧目不敢仰视，俯伏侍取食。苏秦笑其嫂曰："何前倨而后恭也？"嫂委蛇蒲服，以面掩地而谢曰："见季子位高金多也。"苏秦喟然叹曰："此一人之身，富贵则亲戚畏惧之，贫贱则轻易之，况众人乎！"《史记·苏秦列传》这种感受对于纵横之士思想以至人格发展起了重大影响。他们没有儒家的"仁义"信念，没有墨家的"兼爱"理想，也没有名法的"法治"理论，一切以实际利害为转移。

因此，他们专心一意研究谋略，依靠自已的知识、智慧和巧辩争取生存发展。作为诸子学派之一，纵横家的学术成就不在别的方面，是集中于方法论或说是谋略方面。《鬼谷子》对方法论或说是谋略的研究，可说是古籍之林中为数极少的同类专门著作中的佼佼者，所以说它更以其内容的特殊值得珍贵。

《汉书·艺文志》推测："纵横家者流，出于行人之官。"《周礼·秋官》有大行人、小行人两种职官。说周王室设有大行人二人，爵位为中大夫；小行人四人，爵位为下大夫。大行人负责接待“大宾大客。”凡诸侯朝见周王，商议天下大事，报告封国政绩，周王向来朝的诸侯发布政令，大行人都参与其事。来朝的诸侯，如果遇上王妃或太子的葬礼，便由大行人引导行礼仪。诸侯国有兵寇大事前来告急时，由大行人听取他们的报告，转呈天子。小行人负责接待各诸侯国和蕃国国君派来的使臣，听取他们的报告，向他们发布天子的通令，也作为大行人的助手迎接、慰劳来朝的诸侯。小行人还奉命出使，去协调各诸侯国的宾客礼仪，巡察天下政治、风俗、教化、刑罚及自然灾害，写成书面报告呈给天子。这是《周礼》中说的周王室的行人之官。

从《左传》中可以知道，各诸侯国也设有行人之官。如：晋国有行人子朱（见襄公二十六年）。魏国有行人子羽（见襄公十二年）。郑国也有一个叫子羽的行人（见襄公二十九年，昭公元年），还有一个叫挥的人做过行人。晋国有行人子员（见襄公四年、八年、二十六年）。《左传》中还记载了巴国行人韩服出使途中被野人杀死的事件（见桓公九年）。

这些材料告诉我们，行人之官是从事外交活动的职官。外交活动要办的事情是什么，要达到的目的是什么，得由天子、诸侯作决定，怎样完成外交使命则要依靠外交官的才干。行人面对诸侯和对方的使臣，怎样应对周旋，既无法事先一一规定，也不能事事请示天子、国君，必须依据情况变化自出对策，以灵活的方法达到既定的目的。所以行人之官有“权事制宜，受命而不受辞”（《汉书·艺文志》）的职权，这也是职业特点要求他们必须具备的长处。纵横家游说诸侯也是从事外交活动，职业性质与以前行人之官近似，要求具备的才能也类似，很可能从历史上行人之官的事迹中借取经验，所以纵横家与行人之官发生了渊源关系。但战国时的纵横家与西周、春秋时的行人之官已经不同了。行人是周王室或诸侯国的职官，执行天子、国君的意志。纵横家是士阶层人物，对天下大势须有自己的观察分析，按照自己的认识制定活动目标，决定向背去就。行人之官是职业外交官，纵横家是从事外交活动的政治家。后者比之前者，无论知识、智慧、才能都要高出一等。

历来说纵横家“朝秦暮楚”，认为他们是一些没有定见、投机取利的政客，其实是不对的。苏秦、张仪曾游说多国，这与孔、孟、墨等一样，没有特别可指责的。而且相秦之后的张仪复相楚、相韩，始终是为了谋求秦国的发展。入燕之后的苏秦复相齐及一系列活动，无不是为了燕国的利益。不应该说纵横家反覆无常，没有一定的政治主张。纵观先秦百家争鸣中政治思想的对立斗争，可以发现一条基本线索：春秋战国之际主要是儒家的德治主张与墨家的尚贤主张对立，战国中期主要是儒家的仁政主张与道家的无为而治主张对立，战国后期主要是儒家的王道主张与法家的霸道主张对立。纵横家“借力于国”（《韩非子·五蠹》），以强攻弱或合弱攻强，大别可归于霸道一类。而纵横家不参与王霸是非的辩论，全力投入实际政治生活中去了。他们行动的兴趣大于争辩的兴趣。纵横家的这种特色是战国中后期政治形势发展的反映。当时各强国争相“莅中国而抚四夷”（《孟子·梁惠王上》），激烈的政治、军事斗争已经把理论争辩暂时抛到第二线去了。《鬼谷子》书认为，判断政治行为“可与不可”，不能以政治理论作衡量标准，要建立在分析现实政治形势的基础上。他十分明确地说：“凡趋合倍反，计有适合，化转环属，各有形势，反复相求，因事为制。是以圣人居天地之间，立身御世，施教扬声明名也，必因事物之会，观天时之宜，国之所多所少，以此先知之，与之转化。”（《忤合》）处处注意客观实际，事事注意客观实际，对事情一件一件地作出适合客观实际的处理，不从抽象原则出发，不把任何一种学说当成至高无上的教条。这就是《鬼谷子》的思想特色。注重实际的思想特色，体现在对待诸子学说的态度上，就是《鬼谷子》不独尊一家，兼取百家为我所用的主张。它写道：“世无常贵，事无常师。”（《忤合》）“先取《诗》《书》，混说损益。”（《内揵》）就是说，各种学说都掌握着一些真理，但不能把他们看成不变的教条。《诗》《书》所讲的经验和道理不应忽视，但运用起来要有取舍增减。

对于儒家的仁义道德学说，《鬼谷子》不像老庄和法家那样弃绝，还是主张“由夫道德、仁义、礼乐”《内揵》，但又指出：“天地之化在高与深，圣人之道在隐与藏，非独忠信仁义也，中正而已。”（《谋篇》）政治生活中讲求仁义和使用计谋都是正当的，两者适当配合达到“中正”才合于“天地”、“圣人”之道。对于墨子说的“非攻”等观点，《鬼谷子》不取，但对其认识论的“三表法”显然很赞同。《鬼谷子》说决策时要“度于往事，验之来事”，相当于墨子说的“上本于古者圣王之事”，表现了对历史经验的重视。又说决策时要“参之平素”，类似于墨子说的“下原察百姓耳目之实”，表现了对日常生活经验的重视，至于《鬼谷子》强调指出“蜎飞蠕动，无不有利害”（《揣篇》），把趋利避害作为谋划和游说的基本原则，显然有取于法家学说。它处处研究如何“知已”、“知人”，可看出孙武子名言“知己知彼，百战不殆”的影响，它说“为小无内，为大无外”，又吸取了惠施特有术语“无内”、“无外”。需要指出的是，《鬼谷子》从《老子》吸取的思想最多，最为重要。

《鬼谷子》写道：“欲闻其声反默，欲张反睑，欲高反下，欲取反与。”

《老子》的名言是：“将欲歙之，必固张之。将欲弱之，必固强之。将欲废之，必固兴之。将欲夺之，必固与之。”一目了解，《鬼谷子》吸取了老子思想。

这里所讲的不是个别论点，而是具有普遍意义的一种思维方法，即老子的辩证思维方法，所以是很重要的。

《鬼谷子》写道：“夫几者不晚，成而不抱，久而化成。”“成而不抱”或作“成而不保”，都是功成不居的意思。

《老子》书中反复讲论“生而不有，为而不恃，功成而弗居”（《老子》二章），“为而不恃，功成而不处”，十分推崇这种行为态度。《鬼谷子》吸取了老子的观念，赋予这个行为态度以更积极的含义，认为这是化成天下的必要修养。所以它又说，能够做到“主事日成而人不知，主兵日胜而人不畏”的人，就达到了“神明”的境界。

当然，对于老子的“无为”政治思想，《鬼谷子》是竭力回避的。《四库全书总目》编者赞同柳宗元的话：“柳宗元辩《鬼谷子》，以为言益奇而道益隘，差得其真。”笔者以为这个评价还可再商榷。《鬼谷子》研究范围限于方法论，没有讨论王霸是非等政治理论，在这个意义上与其说它“隘”不如说它“专”更恰当些。而就对方法论的研究来说，它能够兼取百家又不拘守任何一家，更不好说它狭隘了。

《鬼谷子》与周秦之际学术发展趋势中国古代从商周到清末有三千多年时间。宏观考察其间学术思想发展，可以发现一个规律性现象：融和与分化两种倾向交替，学术思想在这两种倾向交替中发展。

在远古文化长期积累的基础上，出现融和而形成商周统一的宗教思想。春秋时期宗教思想崩溃，学术思想分化，出现春秋战国各具特色的诸子学派。战国末开始出现融和百家的倾向，西汉形成儒家经学统一思想学术的局面。魏晋以下又发生分化，儒、释、道并立的局面一直延续到唐代。

在以儒学为主体吸取释、道思维方法的基础上，宋代形成封建社会后期占统治地位的理学。至明清之际又出现许多互有异同的学术派别，形成有似于春秋战国百家争鸣的新气象，所以有的学术史著作称之为“新子学”。每一次融和，每一次分化，都促使学术思想发展到一个更高历史阶段。每次融和分化的趋势都经历了几个世纪或好几个世纪，方才被另一种趋势代替。两种趋势交替出现，每次都有社会历史的原因，同时也有学术思想发展自身内在的原因。这内在原因就是学术思想之体系与内容的矛盾。人们在实践中积累的认识内容越来越多，达到一定程度，便需要建立新的体系去概括它，使之提高为系统化的理论化的认识。一种学说体系建立之后，便成为继续认识世界的工具，指导认识向新的广度和深度发展，当着这种学术体系再不能容纳日益丰富深化的认识内容时，又需要冲破它，于是分化的趋势重新抬头。这样便出现了学术思想史上几百年一次的融和趋势与分化趋势的反复交替。从春秋后期到战国后期四五百年间，诸子学派纷纷兴起，不同学派朝着各自的方向发展，学术思想在分化中得到充分发展。诸子学派都以人和人类社会的现实问题为研究对象，用司马迁谈的话说，皆“务为治者也”（《史记·太史公自序》）。

在与商周宗教思想对立的意义上讲，诸学派的学术都可称为人学，但各自的重点和观点不同。儒家着重于人和人类社会的伦理关系，从而引出德治和仁政的政治主张。

墨家更多地着重于人和人类社会的物质生活，从而引出尚贤、非命等一系列政治观点。

道家着眼于人和人类社会与自然界的关系，探究个人如何从自然和社会约束下争得自由，从而发挥出无为而治的社会理想。名家专门研究的“名实”问题，实际上是人的认识问题，虽然他们的学术领域属于思维科学，同样也企图与“为治”联系起来。

法家直接研究人类社会制度，对法治主张作了充分阐发。阴阳家学问范围很广，从保存下来的资料看则主要是探求人类社会历史变化的原因。

各学派之间思想交锋成为思想发展的动力，首先是促使各自观点的充分发挥，然后又促使对不同学派观点的吸取。到了战国末期，一些学者已经超越了“自是而相非”的态度，认识到不同学说都“有见有不见”，这就是学术思想融和趋势兴起的征兆。这时学术思想融和的主要表现是杂家著作的出现。大家都知道杂家的代表作是《吕氏春秋》和《淮南子》，以“兼儒墨，合名法”这一定义衡量，《鬼谷子》也是一本杂家著作。不过三本著作的情况有所不同。《吕氏春秋》的长处是以宏大的规模保存了各家的丰富材料，表现出主编具有兼容并包的学术态度，但对各家思想的融和很不够。

《淮南子》的规模也很宏大，而且在融和诸家、形成体系方面下了很大功夫，所以在学术思想史上有很高地位。今本《鬼谷子》（包括《捭阖》至《符言》十二篇和《本经》《持枢》《中经》），总共不过8000字左右，份量远不能与《吕氏春秋》《淮南子》相比，内容范围又比较专。但就特定范围来说，它的论述相当系统，而且在特定的范围内对诸子思想的融和程度在《吕氏春秋》《淮南子》之上。《鬼谷子》作为战国秦汉之际学术思想融和趋势的代表性著作之一，可以与《吕氏春秋》《淮南子》相提并论，是很值得深入研究的。

2.《鬼谷子》的学术价值

《鬼谷子》一书问世以来，仁者见仁，智者见智，飞短流长，褒贬不一。然而，平实而论，客观分析，它的学术价值是不可低估的，甚而可以说，《鬼谷子》的学术价值是“全方位”的。有人赞誉它是“智慧禁果，旷世奇书”，实在是不为过的。富含哲理，博大精深通读《鬼谷子》全书，几乎是每一个篇章都说得头头是道，娓娓动听，文辞并茂，以情动人，极富感染力。透过这些表层细细品味，深加“揣”“摩”，就不难发现，真正感召人的东西，还是它的哲理思想。

《鬼谷子·捭阖第一》一开头便强调指出：“粤若稽古，圣人之在天地间也，为众生之先。观阴阳之开阖以命物。知存亡之门户，筹策万类之终始，达人心之理，见变化之朕焉，而守司其门户。故圣人之在天下也，自古至今，其道一也。变化无穷，各有所归。或阴或阳，或柔或刚，或开或闭，或弛或张。”这可以说是一个良好的开端。

对《鬼谷子》的作者来说，他是教导人们要辩证而唯物地看待一切，这有认识论的意义；对读者来说，一开头就受到唯物的认识论的启迪，不致偏颇，导向岐义。就在这同一篇中，作者进一步对“捭”“阖”的开放与封闭的辩证关系作了精当的论述，并引入了“阴阳”这一对哲学范畴。当然，这里的“阴阳”观是朴素唯物主义的。

《鬼谷子》认为，“捭之者”，就是开放、发言、公开；“阖之者”，就是封闭、缄默、隐匿。阴阳两方面相协调，开放与封闭才能有节度，才能善始善终。所以说生长、安乐、富贵、尊荣、显名、嗜好、财货、得意、情欲等，属于“阳”的一类事物，叫做“开始”。而死亡、忧患、贫贱、羞辱、毁弃、损伤、失意、灾害、刑戮、诛罚等，属于“阴”的一类事物，叫做“终止”。凡是那些遵循“阳道”的一派，都可以称为“新生派”，他们以谈论“善”来开始游说；凡是那些遵循“阴道”的一派，都可以称之为“没落派”，他们以谈论

“恶”来终止施展计谋。

《鬼谷子》对“阳道”、“阴道”的划分，“新生派”“没落派”的区别，“善”与“恶”的界定，不一定准确、科学，但以此纳入其游说艺术，施展计谋，却是能收到预期的效果，达到预期的目的。我们试从以下的引文来看，《鬼谷子》是如何运用“捭”、“阖”的开放和封闭的规律从阴阳两个方面来施展其才能的：“捭阖之道，以阴阳试之，故与阳言者依崇高，与阴言者依卑小。以下求小，以高求大。由此言之，无所不出，无所不入，无所不可。可以说人，可以说家，可以说国，可以说天下。为小无内，为大无外，益损、去就、倍反，皆以阴阳御其事。阳动而行，阴止而藏；阳动而出，阴随而入。阴还终始，阴极反阳。以阳动者，德相生也；以阴静者，形相成也。以阳求阴，苞以德也；以阴结阳，施以力也；阴阳相求，由捭阖也。此天地阴阳之道，而说人之法也，为万事之先，是谓‘圆方之门户’”（《捭阖第一》）。以上观点说明，开放和封闭是世界上各种事物发展变化的规律。开放和封闭都是为了使事物内部对立的各方面发生变化。

由此可知，开放和封闭是万物运行规律的一种体现，也是游说活动的一种形态。游说者必须首先慎重地考察这些变化，因为事情的凶吉成败，人们的命运祸福，都与此有关。见微而知著，防患于未然，是《鬼谷子》哲理意蕴的又一方面。《抵巇第四》说：“事之危也，圣人知之，独保其用。因化说事，通达计谋，以识细微，经起秋毫之末，挥之于太山之本。其施外，兆萌芽孽之谋，皆由抵巇。抵巇隙，为道术。”这一段是说，当事物出现危机之初，只有圣人才会知道，而且能单独知道它的功用，按着事物的变化来说明事理，了解各种计谋，以便观察对手的细微举动。万事万物在开始的时候都象秋毫之末一样微小，一旦发现起来就像泰山的根基一样宏大。当圣人将行政向外推行时，奸佞小人的一切阴谋诡计都会被排斥，可见抵巇原来是一种方法。如何防患于未然呢？《抵巇第四》接着说：“天下分错，上无明主；公侯无道德，则小人谗贼；贤人不用，圣人窜匿；贪利诈伪者作，君臣相惑，土崩瓦解，而相伐射。父子离散，乖乱反目，是谓‘萌芽巇罅’。圣人见萌巇罅，则抵之以法。世可以治则抵而塞之，不可治则抵而得之。或抵如此，或抵如彼；或抵反之，或抵覆之。五帝之政，抵而塞之，三王之事，抵而得之。诸侯相抵，不可胜数。当此之时，能抵为右。”

从以上的论证来看，《鬼谷子》关于“见微而知著”，“防患于未然”的思想，已经有了升华，不再停留在原点，而是已经在把握量变和质变的关系。《鬼谷子》以“世道”为例认为，如果还可治理的话，就防患于未然，弥补它，使其完整，继续存在下去；否则，不可治理，无法收拾，就彻底把它打破，使其发生质变，质的飞跃，重新塑造它。“三王之事，抵而得之”，便是例证。

《鬼谷子》这种具体问题，具体分析，区别对待，因势利导，顺应潮流，把握量变、质变的“度”和“质点”的这种辩证法思想是十分可贵的。关于具体问题具体分析、对待的观点，《鬼谷子》诸篇章中有不少精彩的论述。它在《谋篇第十》中指出：那些仁人君子必然轻视财货，所以不能用金钱来诱惑他们，反而可以让其捐出资财；勇敢的壮士自然会轻视危难，所以，不能用祸患来恐吓他们，反而可以让他们去镇守危地；一个有智慧的人，通达理教，明于事理，不可假装诚信去欺骗他们，反而可以给他们讲清事理，让他们建功立业。这就是所谓仁人、勇士、智者的“三才”。因此说，愚蠢的人容易被蒙蔽，一个不肖之徒容易被恐吓，贪图便宜的人容易被引诱，所有这些都要根据具体情况作出判断。所以强大是由微弱积累而成；直壮是由弯曲积累而成；有余是由于不足积累而成。《鬼谷子》的变化观、联系观、实践观，同样都是十分丰富的。在《忤合第六》中认为：变化和转移就像铁环一样环连而无中断。然而，变化和转移又各有各的具体情形。彼此之间环转反复，互相依赖，需要根据实际情况进行控制和调整。所以圣人生活在世界上，立身处世都是为了说服众人，扩大影响，宣扬名声。而他们还必须根据事物之间的联系来考察天时，以便抓住有利时机。国家哪些方面有余，哪些方面不足，都要从这里出发去掌握，并设法促进事物向有利的方面转化。世界上万事万物没有永远占领高贵地位的，也没有永远居于榜样位置的。

《鬼谷子》还从社会领域的各个方面讲到了既是平常的东西都与本原相连结。《内揵第三》指出，凡是事物都有采纳和建议两个方面，平常的东西都与本原相连结，或者靠道德相连结，或者靠朋友相连结，或者靠钱物相连结，或者靠艺术相连结。这种“连结”的说法，实际上就是哲学上的联系观的具体运用。《鬼谷子》还教导人们要顺应自然，总结前人的经验，以与自然的发展变化相吻合。《反应第二》指出，在古代能以“大道”来化育万物的圣人，其所作所为都能与自然的发展变化相吻合。反顾以追溯既往，再回首以检验未来；反顾以考察历史，再回首以了解当今；反顾以洞察对方，再回首以认识自我。动静、虚实的原则，如果在未来和今天都得不到应用，那就要到过去的历史中去考察前人的经验。有些事情是要反复探索才能把握的。这些“吻合”、“反顾”、“回首”、“考察”、“探索”等等的认识，都是唯物而顺应自然和潮流的，也是实践的观点，没有丝毫唯心先验的色彩，也没有形而上学的僵化不变的东西。所有这些，都反映了《鬼谷子》哲理思想的博大精深。有了这样的哲理思想、理论思维来“垫底”，《鬼谷子》的治国、治军、游说之道，自然也是深邃而深沉的。

《鬼谷子》的治国、治军、游说之道《鬼谷子》以春种、夏长、秋收、冬藏四季的正常运行作比喻，论证了治国的基本纲领。《持枢》指出：“持枢，说春生、夏长、秋收、冬藏，天之正也，不可干而逆之。逆之者，虽成必败。故人君亦有天枢，生养成藏，亦复不可干而逆之。逆之，虽盛必衰。此天道，人君之大纲也。”这里的所谓持枢，是指出春季的耕种，夏季的生长，秋季的收割，冬季的储藏，乃是天时的正常运行。决不可企图改变和违背这些规律，违背者就是暂时成功最后也要失败。以，作为人君者，也应有天枢，负责生聚、教养、收成、储藏等重任。在社会生活中，尤其不可改变和抗拒这些规律。如果违背基本规律，虽然暂时兴盛起来，最后还要衰落。这是天道，或者说是规律，也是人君治理国家的基本纲领。在《符言第十二》里又说，作为人主，必须广泛了解外界事物，如不通人情道理，那么就容易发生骚乱，世间鸦雀无声是不正常的，内外没有交往，怎么知道世界的变化。开放和封闭不适当，就无法发现事物的根源。在这同一篇中又认为，做好事的臣民，君主会给他们以赏扬；做坏事的臣民，君主会给他们以惩罚，君主根据臣民的政绩来任用，斟酌实际情况给予赏赐，这样就不会劳民伤财。圣人重用这些臣民，因此能很好地掌握他们，并且要遵循客观规律，所以才能长久。在谈到奖赏时又强调，最重要的是守信。运用刑罚时，最重要的是公正。处罚与赏赐的信誉和公正，应验证于臣民所见所闻的事情，这样对于那些没有亲眼看到和亲耳听到的人也有潜移默化的作用。人主的诚信如果能畅达天下，那么连神明也会来保护，又何惧那些奸邪之徒来犯君主的呢?

在《决篇第十一》中，《鬼谷子》陈述了治国五方。它指出：圣人所以能完成大业，主要有五个途径：有用阳道来感化的；有用阴道来惩治的；有用信义来教化的；有用爱心来庇护的；有用廉洁来净化的。行阳道则努力守常如一，行阴道则努力掌握事物对立的两面。要在平时和关键时刻巧妙地运用这四个方面，小心谨慎行事。验证以往的事，推测未来的事，再参考日常的事，如果可以就作出决断；王公大臣的事，崇高而享有美名的，如果可以就作出决断；不用费力轻而可获成功的事，如果可以就作出决断；费力气又辛苦，但不得不做的，如果可以就作出决断；能消除忧患的，如果可以就作出决断；能实现幸福的，如果可以，就作出决断。因此，解决事情，确定疑难，是万事的关键。《鬼谷子》的这些治国思想，除跟历史上某些传统的治国观点有相同之处外，还有其“个性”，独到的见解，甚至在某些方面，除指导思想明确外，连一些具体的运作方法和细节都阐述得条理分明。

在治军方面，《鬼谷子》也有其特点。众所周知，纵横家是靠游说、言辞平天下的，但这并不等于他们不讲实力，不重视军事力量，只不过是纵横家主张不轻易用兵，不公开用兵，或在动武之前就以纵横捭阖之术达到了军事目的。这一点倒近似于兵家的“不战而屈人之兵”和“上兵伐谋，其次伐交，再次伐兵，其下攻城”的原则。所以，《鬼谷子》主张带兵的人必须是大智大勇，“材质不惠，不能用兵”。主张谋之于阴，成之于阳，也就是说，在暗中、在人所不知不觉中已经以实力战胜了对手。似是指一种军事威慑力量的运用，如苏秦的六国白马之盟，就有不战而屈人之兵的效果。实现了“甲兵不出而胜敌国，冲橹不施而降边城”，“全胜不斗，大兵无创”。因此，《鬼谷子》说：“‘主兵日胜’者，常战于不争、不费，而民不知所以服，不知所以畏，而天下比之神明。”可见在纵横家看来，用兵的最高谋略乃是“主兵日胜而人不畏”，以不争不费之战而取胜，那才是“神明”。这是一种战略思想和原则。在讲到具体的策略和战术时，《鬼谷子》对治军、治兵也有深刻的论述，它特别强调了兵家“知己知彼，百战不殆”的思想。《权篇第九》说：古代善于统治天下的人，必然首先衡量天下各种力量的轻重，揣摩诸侯的实情。如果对权势分析不全面，就不可能了解诸侯力量的强弱虚实；如果揣摩诸侯的实情不够全面，就不可能掌握事物暗中变化的征兆。这虽然是对统治天下的君主而言，但也是兵家应有的品格和素质。

在《反应第二》篇中，对知己知彼的原则就讲得更具体了：所以要想掌握情况，要先从自己开始，只有了解了自己，然后才能了解敌人。对别人的了解，就像比目鱼一样没有距离；掌握对方的言论就像声音与回响一样相符；明了对方的情形，就像光和影子一样不走样；侦察对方的言辞，就像用磁石来吸收钢针、用舌头来获取焦骨上的肉一样万无一失。自己暴露给对方的微乎其微，而侦察对手的行动十分迅速。就像阴变阳、又象阳转阴，象圆变方、又象方转圆一样自如。在情况还未明朗以前就用圆略来诱惑对手，在情况明朗以后就要用方略来战胜对方。无论是向前，还是向后，无论是向左，还是向右，都可用这个方法来对待。如果自己不事先确定策略，统帅别人也无法步调一致。做事没有技巧，叫做“忘情失道”，自己首先确定斗争策略，再以此来统领众人，策略要不暴露意图，让旁人看不到其门道所在，这才可以称为“天神”。仅从上述的点滴的战略战术思想中，足以说明《鬼谷子》治军治兵思想的真谛之所在。

《鬼谷子》的游说之道，可以说是纵横家思想的精华之处，其意蕴贯穿于《鬼谷子》全书，论述的既全面又深刻，历来受到政治家、军事家、思想家等多方面的重视，现撮其要者陈述二、三。

首先，游说要树立起信誉，要光明正大。《鬼谷子·转丸第十三》一开头便强调：“游说”，就是说服别人；要能说服别人，就要给人以帮助。凡是经过修饰的言辞，都是被借以达到某种目的的，……要树立起信誉，就要光明正大，光明正大就是为了让人检验复核。……一般人的常情是，说出话就希望别人听从，做事情就希望成功。所以聪明的人不用自己短处，而宁可用愚人的长处；不用自己的笨拙，而宁用愚人的技巧，因此才不至陷于困境。说到别人有利的地方，就要顺从其所长，说到别人的短处，就要避其所短。甲虫自卫时，一定是依靠坚硬和厚实的甲壳；螫虫的攻击，一定会用它的毒针去螫对手。

所以说，连禽兽都知道用其所长，游说者也应该知道运用其所该运用的一切手段。这里把游说的动机、目的、出发点，甚至连其手段都讲到了，为了做到知己知彼，《内揵第三》提醒人们：在情况还没有明朗之前就去游说的人，定会事与愿违，在还不掌握实情的时候就去游说的人，定会受到非议。只有了解情况，再依据实际情况确定方法，这样去推行自己的主张，就可以出去，又可以进来；既可以进谏君王，坚持己见，又可以放弃自己的主张，随机应变。

其次，在《忤合第六》中，引经据典地陈述了纵横家游说的必备条件：……对一个纵横家来说，如果没有高尚的品德，超人的智慧，不可能通晓深层的规律，就不可能驾驭天下；如果不肯用心苦苦思考，就不可能揭示事物的本来面目；如果不会全神贯注地考察事物的实际情况，就不可能功成名就；如果才能、胆量都不足，就不能统兵作战；如果只是愚忠呆实而无真知灼见，就不可能有察人之明。所以，“忤合”的规律是：要首先自我估量聪明才智，然后度量他人的优劣长短，分析在远近范围之内还比不上谁。只有这样知己知彼以后，才能随心所欲，可以前进，可以后退；可以合纵，可以连横。从以上的论述中可以看出，纵横家的游说之士，决不是象某些前人所讥讽的那样，是什么“皆小夫蛇鼠之智。用之于家，则亡家；用之于国，则偾国；用之于天下，则失天下”，恰恰相反，如上面论述到的那些游说之士，无论是其动机、目的、手段，还是人品、才智、胆略等等方面，可谓大智大勇，反映了战国那种历史背景，各路诸侯都企望一匡天下，统一华夏，这是一种大势所趋的历史潮流，因而具有进步的积极因素。至于天降大任于何人，那是取决于各方面的因素，而非人们的主观愿望为转移。

最后，纵横家在游说时，对“揣情”、“机遇”，极为重视。《揣篇第七》有精当的描述：所以谋划国家大事的人，就应当详细衡量本国的各方面的力量；游说他国君主的人，则应当全面揣测别国君主的想法。所有的谋划、想法、情绪及欲望，都必须以这里为出发点。只有这样做了，才能得心应手地处置各种问题和对付各色人物。可以尊敬，也可以轻视；可以施利，也可以行害；可以成全，也可以败坏，其使用的办法都是一致的。所以，虽然有古代先王的德行，有圣人高超的智谋，不揣度透彻所有隐蔽的和深藏的实情，将什么也追求不到。这是智谋的基础和游说的通用规则。人们常常对这些事情感到来得突然，是因为不能事先预见。能在事情发生之前就预见到，这是最难的。因此说，“揣情，最难把握”。游说活动必须深谋远虑地选择时机。过去我们看到昆虫蠕动，都与自己的利益相关，因此才发生变化。而任何事情在刚刚产生之时，都呈现一种微小的态势。这种揣情，需要借助漂亮的言辞或文章才能进行游说应用。正因为《鬼谷子》在政治、军事、经济等领域，有其独特的价值和意义，其谋略智慧博大精深，极富哲理，所以古今中外都将其视为一部奇书。

这部奇书在中国历史上的影响，自不待言，在国外的影响更形成了“热点”。德国、美国、日本、东南亚，都在研究。研究机构、研究期刊、研究奖金纷纷成立、问世。《鬼谷子》在学术界、宗教界、新闻界、工商界都有市场，长久不衰。可见，《鬼谷子》的生命力是极其旺盛的。

3.《鬼谷子》与殷商文化

根据相关资料与《史记》的记载联系起来进行综合分析，鬼谷子隐居于云梦山的可能性较其余各处更大。淇县之地古称朝歌，为殷商最后国都，后为卫国都城，今城内县林业局大院门口尚存卫国故城城墙。《史记》卷三十七《卫康叔世家》的记载也可以为证，该记载曰："卫康叔名封，周武王同母少弟也。……武王已克殷纣，复以殷余民封纣子武庚禄父，比诸侯，以奉其先祀勿绝。为武庚未集，恐其有贼心，武王乃令其弟管叔、蔡叔傅相武庚禄父，以和其民。武王既崩，成王少，周公旦代成王治，当国。管叔、蔡叔疑周公，乃与武庚禄父作乱，欲攻成周。周公旦以成王命兴师伐殷，杀武庚禄父、管叔，放蔡叔，以武庚殷余民封康叔为卫君，居河、淇间故商墟。"上述记载不仅告诉我们卫国最初受封于河水和淇水之间，而且告诉我们由于卫国统治之民是殷商遗民，因此国内政局颇不安定。这对于我们理解后面的文字是有帮助的。卫国虽然是周初封建的最重要的诸侯国之一，但是由于国内政治动荡，春秋以后便日趋衰败了。

公元前660年，狄人伐卫，杀卫君懿公，齐桓公率诸侯伐狄，并将卫国都城迁到新筑的楚丘（今河南省滑县）。以后，又东迁于帝丘（今河南省濮阳市），成为依偎于齐、魏等诸侯之间的小国。公元前254年，卫国沦为魏国的附庸，从此苟延残喘，虽然其国君传位至秦二世，实际上早已形存而实亡。由此看来，卫国不仅在地理上日益接近齐国的疆域，而且在政治上长期受齐国的控制，从这方面来考察，与《苏秦列传》所谓"东事师于齐而习之于鬼谷先生"一语相符。

另一方面，卫国又曾受制于魏，受魏的政治影响也很大，况且其间交通便利，人员交往也自然频繁。这一点恰好又与《史记》的《张仪列传》中所谓"张仪者，魏人也。始尝与苏秦俱事鬼谷先生学术"一语相照应，可以作为鬼谷子隐居于淇县附近的佐证。与淇县相比，登封虽然也在洛阳以东，但地处成周与郑国之间，后来为韩所有，其地距齐较远，政治上受齐影响也较小，似难与《苏秦列传》的记载相印证。倘若史实确如上文推测，即淇县之云梦山确系鬼谷子隐居之地，则鬼谷子的思想根源也即产生鬼谷子学说的文化背景就有迹可循了。鬼谷子的学说集中体现在《鬼谷子》一书之中，而《鬼谷子》一书充满了丰富、深刻的思想内容。《鬼谷子》重在论述谋略的设计与运用，它主张揣摩情势，筹决计谋，以指导政治行动。在该书《揣摩》中称："古之善用天下者，必量天下之权而揣诸侯之情。"又称："故计国事者则当审权量，说人主者则当审揣情，谋虑情欲，必出于此。"在该书《飞钳篇》中也称："将欲用之天下，必度权量能，见天时之盛衰，制地形之广狭，阻险之难易，人民财货之多少，诸侯之交孰亲孰疏，孰爱孰憎。"

鬼谷子的学说旨在"用之天下"，为了达到"用之天下"的目的就必须“度权量能”，这正是《鬼谷子》一书的中心思想。鬼谷子的思维方法充满了辩证分析的因素，这在《鬼谷子》一书中也有大量的反映。如该书《捭阖篇》中称：“以阳求阴，苞以德也；以阴结阳，施以力也；阴阳相求，由捭阖也。”在《反应篇》中也称：“欲闻其声反默，欲张反睑，欲高反下，欲取反与。”在《权谋篇》中则称：“是故智者不用其所短，而用愚人之所长；不用其所拙，而用愚人之所工，故不困也。”在《谋篇》中还称：“夫仁人轻货，不可诱以利，可使出费；勇士轻难，不可惧以患，可使据危；智者达于数，明于理，不可欺以诚，可示以道理，可使立功：是三才也。故愚者易蔽也，不肖者易惧也，贪者易诱也，是因事而裁之。”在这几段论述中，正反兼及，矛盾相应，层层推进，说明鬼谷子的思想相当深刻。由于《鬼谷子》一书体系缜密，逻辑性强，因而虽云其“鬼”，却并不陷于诡谲。另一方面，鬼谷子虽然意在掌权制众，以平天下，具有恢弘的理想，但却并无政治方面的实践活动。《鬼谷子》一书的内容，大多是抽象的原则，并不牵涉当世的人与事。作为隐士，却很关心政治；作为政治理论家，却又没有社会活动：这样矛盾的现象，是鬼谷子思想中最值得我们重视的一点。

无疑，在鬼谷子深刻的思想意境的背后，有着宽广源远的历史景深；而鬼谷子超脱的政治理论也非凭空产生，它是长期的政治斗争经验的总结。换言之，只有植根于深厚的文化土壤之中，才能萌发出鬼谷子这样富有哲理的学说。我以为，培育鬼谷子其人、其事、其说的土壤是殷商文化的积淀。鬼谷子隐居的卫国虽是一个日趋衰败的小国，但它的人民却主要是曾经繁荣昌盛的商王朝的后裔。建立商王朝的商族最初是一个频繁迁徙的部落，直到盘庚之际才在殷地附近安定下来，此即所谓的盘庚迁都于殷。此后，位于今河南省安阳市附近的小屯村的殷便成了商人活动的中心，因而盘庚迁殷之后，商又被称为殷商。

鼎盛时期的殷商王朝的版图相当辽阔，据说“东自济水，西至陕西，北起易水，南及桐城，纵横都在千里左右”。但是，由于古代简陋的交通工具及其他技术条件的限制，这里所谓的版图不可能像如今的国家那样疆界分明，它只是指殷商王朝的势力所能达到的范围而已，其中包含了大量的依附于殷商王朝的部落和方国的领土。实际上，殷商王朝直接统治的地区局限于以殷——妹为轴心的今豫北地区，这一地区北抵漳河，东与南达黄河，西凭太行山，呈平行四边形形状。妹，又作沫，后称朝歌，其位置即在今淇县，殷商晚期以其为别都。殷商的末代君主纣王在朝歌进行了大规模的营建，使之迅速地兴旺发达起来，成为殷商末期的政治中心与文化荟萃之地。至今，在淇县城里、城外仍留有如摘心台、鹿台、纣王墓等大量的文化遗存。然而，由于纣王的腐败，殷商王朝被周王朝灭亡了。

此后，正如前文已述，周王朝在朝歌封建了卫国。卫国的人民主要是殷商的遗民，共有陶氏、施氏、繁氏、锜氏、樊氏、饥氏、终葵氏等七族。这七族的姓氏大多来源于他们的职业，如陶氏与制陶业相关，“樊”字为篱笆之意，“繁”即马缨。也就是说，卫国统治下的殷商七族遗民主要是从事手工劳作的人民。之后，由西周而进东周，由春秋而入战国，卫国的殷商七族遗民及其后代依靠辛勤的劳动不但将其祖先的先进技艺继承了下来，而且将殷商文化的结晶凝聚在他们创造的物质文明与精神文明之中。卫国虽然在春秋、战国之际政治上日趋衰落，而手工业与商业却久盛不衰，就是由于它一直被笼罩在浓郁的殷商文化之中的缘故。

因此，无论从地理环境还是从历史主义的角度去观察，都应该意识到鬼谷子的思想与殷商文化之间会有联系。商代文明是辉煌的中国文化奠基之石，尤其在盘庚迁都于殷之后，它的光彩迷人夺目，达到了令人惊叹的程度。这些不但可以从文献中看到，而且也已经被安阳殷墟以及淇县的大量遗迹与遗物所印证。商代文明的突出的特点之一是政治制度与政治意识的相对发展。

盘庚迁殷之后，殷商王朝进入了奴隶制的社会阶段，作为公共的、强制性的统治机构的国家机器业已形成。在殷商社会中，阶级分化十分清楚。特别是，在统治阶级中层次已很分明，其最高统治者是王，在王的周围是以亲缘关系确立的大小贵族，在王的外围是以服属关系确立的各邦侯伯及酋帅，此外还有下文要谈到的掌管贞卜与祭祀的贞人和巫史。这些大大小小的统治者们为了更好地操纵国家机器去治理自由民与奴隶，去处理宗主国与方国、部落的关系，去发动对外战争等事务，就必然要研究政策的制定与策略的实施等问题。有关这些，在业已出土的卜辞中有大量的反映。

从先贤学者们对于卜辞的深入研究之中可以看出，殷商王朝的统治机器已经相当繁复，人主运用权术去谋求政治利益的观念也已经相当明确。也就是说，殷商王朝的统治阶段已经有了强烈的政治意识。殷商王朝灭亡之后，殷商之民的政治地位陡然下降，特别是，原先的统治者们不但不能象过去那样行使其统治权力，而且还受到了排斥与压迫。因此，除了少部分投靠周王朝的贵族外，大部分人在政治上并不得志。其中的一些人便如前文所引《史记·卫康叔世家》中记载的那样，或者怀有“贼心”，或者如殷王帝乙之首子、帝纣之庶兄微子。事见《史记》卷三十八《宋微子世家》。

参与“作乱”；也有不少人投奔山林，隐居了起来。在隐居者中也有两种情况，一种人对世事冷寂了心，因而甘心清静，走上了“无为”之路；另一种人虽然远离了政治，却并不甘心脱离政治，为了排泄那种得不到政治实践的机会而苦闷，于是收徒授课，著书立说，试图以其思想来影响世事。

正是这样，经过若干代人的相治相袭，虽然承载殷商文化的躯壳殷商王朝早已腐朽了，但是其所留下的积淀却被提炼、结晶出来。其中的政治斗争的经验也被抽象出来，成为后世人主揣摩情势，筹决计谋，以指导政治行动的思想宝库。殷商民中的后一部分隐居者的行为与上文所述鬼谷子虽有恢弘理想却无政治方面的实践活动的情况是相一致的，他们的思想也与鬼谷子学说中抽象的原则居多而当世的人事甚少的情况是相一致的。

因此，从这一点来考察，鬼谷子其人、其事与其说的产生与殷商文化应该是存在着有机的逻辑关系的。我们从追寻鬼谷子隐居之地为线索，将鬼谷子思想与殷商文化联系到了一起。其实，如果承认鬼谷子思想与殷商文化之间的有机联系，那么，这种联系反过来又可以作为鬼谷子隐居于曾是殷商别都的朝歌附近的佐证。二者应该是互证的。因此，将鬼谷子学说与殷商文化作更加深入、细微的对比、分析与综合研究是必要的，是有意义的。如果承认鬼谷子学说植根于殷商文化，那么鬼谷子名称的来源就有以下两种可能。如伯夷、叔齐隐于首阳山。事见《史记》卷六十一《伯夷列传》。

其一，与殷人信鬼有关。现在人们总是将鬼与魔怪、妖魅联系在一起，谈“鬼”而色变，其实在殷商时代鬼是很崇高的形象。这是因为殷商社会脱离愚昧的原始社会为时不久，所以特别敬重鬼神。因而，《礼记·表记》称：“殷人尊神，率民以事神，先鬼而后礼，先罚而后赏，尊而不亲。”在殷人的心目中，人死之后就化为鬼，鬼是祖先的灵魂，而祖先的灵魂是具有很大的威力的。盘庚迁都于殷时遭到了强烈的反对，为了说服部众以达到迁殷的目的，盘庚就将上天与祖宗的牌位抬了出来，《尚书·盘庚篇》载盘庚对大众言曰：“先王有服，恪谨天命，兹犹不常宁。不常厥邑，于今五邦。今不承于古，罔知天之断命。矧曰其克从先王之烈，若颠木之由蘖。天其永我命于兹新邑。绍复先王之大业，底绥四方。”盘庚的这一招还真灵，大众终于服从了先王的灵魂的“意志”，在殷都安居下来。鬼既然是殷人的祖先，必然会保佑其现世的子孙。

因此，殷人祭祀祖先的活动十分频繁。祭祀活动的本身是对于祖先崇德报功的表示，目的在于求得祖先降福。既然祖先的灵魂有巨大的威力，又能够降福于后人，于是殷人每有重大的生产活动在政治活动乃至于战争与媾和，都要求教于鬼的启示。具体地说，就是利用龟背或牛胛骨等物来占卜，以此表明鬼神的态度，决定是否进行某项活动。作这种占卜工作的人就或前文述及的贞人。他们在殷商王朝中的政治地位是很高的。对此，李亚农先生曾经有过论述："在（殷商王朝）国家机关中还存在大批显赫的人物。首先，就是我们在卜辞中习见的贞人，也是殷代的史官，当时最高的知识分子。他们在国家机关中占着极其重要的地位。……殷王的一切行事都要由他们来贞卜：战争、祭祀、天时、收获、田猎、疾病、生死、来往、行止、建筑工事以及人事行政等，无不包括在他们贞卜范围之内。"贞人之所以会在殷商王朝的政治生活中占据崇高的位置，那是因为在人们的心目中他们是最接近鬼的人，是鬼的代言人。不仅如此，贞人还是智慧的象征，正如李亚农先生指出的那样，贞人是"当时最高的知识分子"。殷人的贞卜虽然是迷信活动，但却是一项很复杂的脑力劳动。有的过程往往要经过几十次反复，才能推断出结果。

因此，剥去其迷信的外衣，仅从其分析推理的过程而言倒是具有积极意义的思辩活动，其中包含了心理学、预测学、逻辑学乃至朴素的辩证思维的萌芽。说到此，我们又顺便会联想到前文所言的鬼谷子思想中的缜密的思维成分。既然我们承认鬼谷子学说植根于殷商文化，那么这些缜密的思维成分或许就是由殷商贞人们的思辩活动中萌发出来的。后来，殷商王朝虽然灭亡了，占卜之术却流传了下来，鬼的概念也仍然在人们的心目中强烈地留存着。既然在遥远的古代社会中鬼和鬼的代言人是智慧的象征，那么人们将那些具有大智大慧的山中隐士冠之以"鬼"字也是可能的。既然山中隐士是"鬼"，他们隐居的山谷就成了"鬼谷"。

其二，与鬼方有关。在殷商王朝的周围有许多异族部落与方国，其中有一个强大的方国叫鬼方。其名见于《周易·既济篇》，其文曰："高宗伐鬼方，三年克之。"鬼方即两周时的玁狁、春秋时的戎狄、战国以后的匈奴，这是与古代的汉民族交往颇为密切的游牧民族。一般认为鬼方在今陕西省一带，其实从上引《周易》中的那句话来推测，鬼方不会离殷商王朝太远。无论如何，殷高宗武丁不可能置根据地不顾，放心大胆地脱离殷都，驻扎在遥远的陕西，长期地从事征伐活动。如果真有此事，等他三年后回殷都，王位早已被他人篡夺了。我体会，所谓“三年克之”的含义应该是，在三年之内经过反复用兵终于打败了鬼方。

因此，鬼方的位置不会离殷都太远。其实，鬼方自古就是强大的部落，它不仅占有很大的范围，而且还有众多的下属部落，其中有不少游牧于今河南、山西两省交界的太行山脉地区。观今淇县以西的云梦山区，正属于太行山脉南段的余脉，而且水草丰盛，至今仍是放牧牛、羊的优良牧场。在殷商王朝势力薄弱时，鬼方部落中的一支进入其地的可能性是很大的。也许正是因为离殷都太近了，武丁才要下决心花三年的时间将其打败。

4.《鬼谷子》与中国政治文化

政治文化是改革开放以后引进来的新术语，它是西方政治学在本世纪后半叶开拓的新领域。政治文化如同一般文化一样，也是个宽泛的概念，很难下一个精确的定义，西方学者对此都是各执一端，莫衷一是。本文权采用国内学者的折衷看法，即认为政治文化是政治活动中的主观意识领域，包括了社会对政治活动的态度、信仰、情感和价值，具体地讲，包括了政治意识、民族气质、民族精神、民族政治心理、政治思想、政治观念、政治理想、政治道德等各个方面。人们的政治行为受政治文化环境的制约，政治文化构成政治体系和政治行为的深层结构。中国政治文化在世界上是一个比较独特的系统。我们对它的研究还很不够，因而本文无法作一准确的概说。

中国的政治文化传统源远流长，内涵异常丰富复杂，影响于政治行为的文化因素至多。但是在长期的封建社会中，儒家的思想学说明显地笼罩了封建政治体系，儒家的道统与封建王朝的政统合而为一，几乎所有从事政治活动的人在口头上都是孔孟的信徒。其次是法家的思想学说若明若暗地发生着影响，说秦汉以后一直存在着儒法两条路线的斗争，有多少个法家人物，那是欺人之谈。

章太炎于《检论·原法》篇中引桓范《世要》：“夫商鞅、申、韩之徒，其能也，贵尚谲诈，务行苛克，废礼义之教，任刑名之数，不师古始，败俗伤化。此伊尹、周、召之罪人也。然其尊君卑臣，富国强兵，守法持术，有可取焉。逮至汉兴有宁成、郅都之辈，放商、韩之法，专以杀伐残暴为能；顺人主之意，希旨而行，要时趋利，敢行祸败。此又商、韩之罪人也。然其抑豪强，抚孤弱，清己禁奸，背私立公，尚有可取焉。晚世之所谓能者，乃犯公家之法，赴私门之势，废百姓之务，趣人间之事，决烦理务，临时苟办，但使官无谴责之累，不省下民吁嗟之冤。复是申、韩、宁、郅之罪人也。而俗犹共言其能，执政者选用不废者”。法家的流风余韵绵延不绝，从以上言论中可见一斑。

再如黄老学说，也曾在汉代风行一时，无为而治的做法历代有人推崇。这些都是众所周知的史实，远不足以涵盖中国的政治文化。仅一部《资治通鉴》，其中述及的政治活动是多么纷繁丛杂，政治斗争中智计百出，波诡云谲，与儒家的温良、道家的清静、法家的严正迥不相侔，而《鬼谷子》书中论述的谋略权变却可以为某些政治行为做出顺理成章的解释。因此我们认为，理解中国的政治文化，《鬼谷子》是一部必读书。

《鬼谷子》是一部奇书。清代学者秦恩复说：“今观其书，词《章太炎全集》(三)，峭义奥，反复变幻，苏秦得其绪余，即掉舌为纵约长，真纵横家之祖也。”《隋志》、两《唐志》均隶其书于纵横家。我们虽不必拘执其为“纵横家之祖”，但认为是战国纵横家政治活动的理论总结当无大问题。纵横家是战国时期游士的一个学派，游士则是春秋、战国之际社会变革中出现的一个新阶层。

顾炎武说：“春秋以后，游士日多。《齐语》言桓公为游士八十人，奉以车马衣裘，多其资币，使周游四方，以号召天下之贤士。而战国之君遂以士为轻重，文者为儒，武者为侠。呜呼！游士兴而先王之法坏矣。”游士以从事政治活动为主，诚如余英时所说：“士已从固定的封建关系中游离了出来而进入了一种‘士无定主’的状态。这时社会上出现过大批有学问有知识的士人，他们以‘仕’为专业，然而社会上却并没有固定的职位在等待着他们。在这种情形之下，于是便有了所谓‘仕”的问题。”士的两个基本特点，一是要出仕从政，一是“士无定主”，唯纵横家体现得最为充分。他们没有确定的政治立场，没有一以贯之的政治主张，只是要涉足政界，出人头地，求取功名。当时的社会分化造成游士这样一个社会阶层，而纵横家特别善于利用社会环境为他们提供的方便，四处奔走游说，为各诸侯国君主审时度势，权衡利弊，指出趋利避害的途径。他们的政治技巧异彩纷呈，而其精神、原则、纲领则荟萃于《鬼谷子》一书，因而该书为中国政治文化研究保存了宝贵的资料。把政治活动作为个人事业的基本态度。

在贵族世袭制时期，个人能否从政并不取决于自己的意愿，到宗法制度破坏以后，才有了个人选择的可能。但是诸子百家的学说在这个问题上看法不尽一致。比如儒家，是否从政就要视客观条件而定。孔子说：“邦有道，则仕；邦无道，则可卷而怀之。”政治黑暗的时候就不一定从政。

孔子把谋取政治地位、掌握权力置于推行自己主张的后面，如不能实现自己的政治主张，宁愿脱身而去，绝不姑息牵就，屈己从人，此即“道不行，乘桴浮于海”。

孟子也是这样的主张，他说：“天下有道，以道殉身；天下无道，以身殉道。”“穷则独善其身，达则兼善天下。”天下无道的时候只能独善其身，为信念而牺牲自己的政治抱负。原始儒家对出仕抱一种十分审慎的态度，对信念的执着远甚于对权位利禄的追求。

墨家的态度与儒家基本相同，也是将从政视为推行政治主张的手段，而不是把政治活动作为一种事业，将政治上的成功作为人生的追求。如《墨子·鲁问》篇说越王意欲把墨子迎接到越国，裂故关之地五百里而封之，墨子说：“意越王将听吾言，用我道，则翟将往，量腹而食，度身而衣，自比于群臣，奚能以封为哉？抑越不听吾言，不用吾道，而吾往焉，则是我以义粜也。”出卖自己的主张而获致权位爵禄，为墨家所不取。

《鬼谷子》书中所反映的从政态度则与儒墨两家不同，《中经》篇说：“盖士当世异时，或当因免阗坑，或当伐害能言，或当破德为雄，或当抑拘成罪，或当戚戚自善，或当败败自立。故道贵制人，不贵制于人也。制人者握权，制于人者失命。”士人会有不同的境遇，该书推崇的是能够“败败自立”的人。据陶弘景注：“败败自立谓天未悔祸，危败相仍，君子穷而必通，终能自立，若管仲者也。”就是说不管环境多么险恶，无论遭受多少次挫折，总要能有所树立，即在政治上有所作为。书中所讲的“道”，贵在“握权”，贵在“制人”。这里不讲前提，不论条件，要改变个人的处境，只有争取政治地位，掌握权力。

《忤合篇》中有一段话陈义较高，也只是说：“是以圣人居天地之间，立身御世施教扬声明名也，必因事物之会，观天时之宜，因之所多所少，以此先知之，与之转化。”圣人的功业也只是“扬声明名”，通俗地说，是为了名，何况凡庸之辈！政坛上风云变幻，可以一显身手，建功立业的机会多得很，“五帝之政，抵而塞之；三王之事，抵而得之；诸侯相抵，不可胜数，当此之时，能抵为右。自天地之合离终始，必有巇隙，不可不察也”。不管是什么样的机遇，都可以抓。

《鬼谷子》书中讲的就是怎样才能把机遇把握住，把握好。所以我们可以说，该书所反映的从政态度，是把政治活动作为个人事业，最高目标也只是“扬声明名”，树立个人的形象。《史记》所载苏秦、张仪的言行可为此作一注脚。《苏秦列传》载苏秦说：“夫士业已屈首受书，而不能以取尊荣，虽多亦奚以为！”他奔走列国，四处游说，为得是“取尊荣”。《张仪列传》载张仪曾到苏秦门下请求引见，苏秦对他说：“以子之材能，乃自令困辱至此。吾宁不能言而富贵子，子不足收也。”张仪怒而入秦。假如他在此得到“富贵”，有了一官半职就不会离去。

这与《鬼谷子》所体现的态度是一致的，只是更为具体真实，从政的目的是要名利双收。后世虽然是儒学占据主导地位，但士人从政的态度则基本上作为个人事业，而很少有理想信念的成分。如《汉书·儒林传》云：“自武帝立《五经》博士，开弟子员，设科射策，劝以官禄，讫于元始，百有余年，传业者浸盛，支叶蕃滋，一经说至百余万言，大师众至千余人，盖禄利之路然也。”读书是为做官从政，做官从政则是因为有利禄，当然还有显贵尊荣，这种态度还受到封建皇帝的推助，如流传颇广的宋真宗《劝学文》：“富家不用买良田，书中自有千锺粟。安居不用架高堂，书中自有黄金屋。出门莫恨无人随，书中车马多如簇。娶妻莫恨无良媒，书中有女颜如玉。男儿欲遂平生志，六经勤向窗前读。”这种通俗的说教表现出为利禄而仕的观念正日益深入人心，古代审慎从政的态度早已不受推崇。

封建皇帝用利禄劝诱士人，固然有其网罗人才的用意，但为富贵而从政的观念确实更符合一般人的心理。推阐权术政治活动总会有权术夹杂其中，古今中外都是如此。但在中国的政治文化中，主流是不崇尚权术机巧，至少是讳莫如深，可以做，但不可以说。尤其是在儒家的学说中，视之为旁门左道，视之为诈伪邪术。《鬼谷子》书，柳宗元即斥为“其言益奇而道益狭，使人狙狂失守，而易于陷坠”。

《四库提要》称赞柳宗元这个评语：“差得其真”，显然他们都认为《鬼谷子》所讲的道理不宜宣扬。比较欣赏《鬼谷子》的高似孙说：“《鬼谷子》书，其智谋，其数术，其变谲，其辞谈，盖出于战国诸人之表。”主要激赏书中所论的权变谋略。但是他又说：“穷天之用，贼人之私，而阴谋诡秘有《金匮》《韬》《略》之所不可该者，而鬼谷子尽得而泄之，其亦一代之雄乎！”还是褒中含贬，有所顾忌。

先秦法家是主张用权术的，对权术也很有研究。《鬼谷子》书中所推阐的权术，与法家所讲的互有出入，可以说是相得益彰。法家在这方面的学说集中在《韩非子》一书。若非《鬼谷子》与《韩非子》俱得以传世，我们就无从窥见后世政坛上玩弄权术者的思想渊源，那真是研究中国政治传统的一大缺憾。

据韩非给权术所下的定义，“人主之大物，非法则术也。法者，编著之图籍，设之于官府，而布之于百姓者也。术者，藏之于胸中，以偶众端而潜御群臣者也。故法莫如显，而术不欲见。”韩非认为权术和法令都是人主的最主要的统治手段，但二者截然不同。他指出权术有两个基本特征，一个是独占性，权术是君主驾驭群臣的手段，为君主所独占，亦即刘泽华先生说的韩非子“讲的术都是维护君主专制的驭臣之术”；一个是隐蔽性，深藏不露，暗中使用。

《鬼谷子》书中的权术，也讲究隐蔽性，在这一点上与《韩非子》是同调。如《谋篇》中说：“故先王之道阴。言有之曰：天地之化在高与深，圣人之制道在隐与匿。非独忠信仁义也，中正而已矣。”这个“中正”并不是儒家的“中正”，而是隐匿的代名词。隐匿正是智慧所在。同篇又说：“智用于众人之所不能知，而能用于众人之所不能见。”见识比众人高明，还不是智慧的精义，关键是运用起来众人还觉察不到，这才是真正的高明。这样的高明，即该所称扬的阴道，因而说“圣人之道阴，愚人之道阳”（同前引篇）。权术智计的精髓即在隐秘，一切都摆到桌面上，政治斗争的复杂性、神秘感就荡然无存了。

《鬼谷子》书中讲的权术没有独占性，此点与《韩非子》不同。权术有君驭臣之术，有臣弄君之术，也有臣与臣之间的互弄之术，《鬼谷子》是把权术看作政治活动中带有普遍性的技巧。如《揣篇》中说：“故计国事者，则当审权量；说人主，则当审揣情；谋虑情欲，必出于此。乃可贵，乃可贱，乃可重，乃可轻，乃可利，乃可害，乃可成，乃可败，其数一也。故虽有先王之道，圣智之谋，非揣情隐匿无所索之。此谋之大本也，而说之法也。”揣情是游说的重要方法，游说必须考虑到对方的心理状况，而施用一切谋略，都离不开这一条。只要是针对人的举措，都应该把心理因素考虑在内，所以说：“其数一也”，是“谋之大本”。无论什么人使用计谋，都应如此，没有例外。

《鬼谷子》书中没能像《韩非子》那样讲具体的权术方法，但有几条原则性的论述，值得深入研究。第一，利用人的特点，利用人的弱点。《谋篇》说：“夫仁人轻货，不可诱以利，可使出费；勇士轻难，不可惧以患，可使据危；智者达于数，明于理，不可欺以诚，可示以道理，可使立功。”这是利用人的特点。又说：“愚者易蔽也，不肖者易惧也，贪者易诱也，是因事而裁之。”这是利用人的弱点。《内揵》篇说：“或结以道德，或结以党友，或结以财货，或结以采色。”也是此意。第二，因势利导。《谋篇》说：“无以人之所不欲，而强之于人，无以人之所不知而教之于人。人之有好也，学而顺之；

人之有恶也，避而讳之。故阴道而阳取之也。故去之者纵之，纵之者乘之。”搞权术不能显示出明显的意图，要想做到隐匿，用智而人不能知，因势利导是最好的办法。善于利用别人的行为，不为察觉地加以引导，从而达到自己的目的，这就是“阴道（导）而阳取之”。第三，善于分析利害关系。《谋篇》说：“同情而俱相亲者，其俱成者也；同欲而相疏者，其偏成者也；同恶而相亲者，其俱害者也；同恶而相疏者，偏害者也。故相益则亲，相损则疏，其数行也。此所以察同异之分，类一也。”细读这段话，使我们想起英国首相邱吉尔说的，如果魔鬼反对法西斯，他也愿意同魔鬼结盟。

虽然《鬼谷子》是理论分析，邱吉尔是就事论事，但都能使我们体会到，利害关系在政治中所占的地位。所以在政治斗争中运用谋略，必以利害关系为归依，此即《决篇》中所云：“去患者，可则决之；从福者，可则决之。”第四、分析形势，灵活运用。在政治领域里施用计谋，没有一定之规，全在于因时因事而制宜，此即《忤合篇》中所说的“世无常贵，事无常师。”大而言之，如《抵巇》篇所云：“圣人见萌芽巇罅，则抵之以法。世可以治，则抵而塞之；不可治，则抵而得之。或抵如此，或抵如彼；或抵反之，或抵覆之。”小而言之，如《内揵》篇所云：“用其意，欲入则入，欲出则出，欲亲则亲，欲疏则疏，欲就则就，欲去则去，欲求则求，欲思则思。”总之，灵活多变是权术的重要特征，从权善变才能称得上有术。

5.《鬼谷子》与中国传统文化

中国传统文化，根源于先秦诸子。鬼谷子其人其书与诸子百家之关系，以及与神秘文化之关系，都是值得探讨的问题。

纵横家：鬼谷子生活在“天下无道，礼乐征伐自诸侯出”的战国时代，是时周天子大一统的政治格局已告崩析，这既为政治思想的多元化创造了宽松的环境，也为“士”的发育出脱开拓了良美的机缘。在烽火四起，狼烟遍地的当时，为出人头地，舒展春云的游说之士，便凭借其对列国军政态势的洞悉，依仗其聪明睿智和伶牙俐齿，周旋于列国诸侯之林，折冲樽俎，捭阖纵横，出谋划策，出将入相，或一言兴邦，或只语灭国，到处显山露水，出尽了风头，这便是所谓“纵横家”。

汉代应劭《风俗通义》称：“鬼谷先生，六国时纵横家。”纵横之说虽不肇始于鬼谷子，但鬼谷子却是先秦纵横学说的集大成者，他探讨了先前纵横学说社会实践的经验教训，考察了当时社会军政变幻的风云走向，吸收了如《周书》《韦秩》和《太公阴符》等前人研究成果，结合自身揣摩体验心得，著书立说，使纵横学说系统化、理论化了，并以此传授生徒，使纵横学说得以广布，再由门生将此说应用于社会事功，不但使纵横之说跻身于诸子百家之林，而且也推进了先秦历史的发展。

据《史记》载，战国时代纵横家的两位主要代表张仪、苏秦，都是鬼谷子的亲传弟子。前343年之后，魏国独霸中原的格局因“马陵之战”而被打破，历史进入秦、齐两大强国遥相对峙时期。秦、齐为各自霸业，都设法在对外兼并战争中争取与国，孤立敌国，而处于两强夹缝中的魏、赵、韩、燕诸国为谋求生存便审时度势地分成联秦抗齐或联齐抗秦两派，所谓的“合纵”、“连横”便缘此而生。

从地域上讲，以韩、赵、魏为主，北连燕，南连楚，南北相连为纵；东连齐或西连秦、东西相连为横。从策略上讲，合纵是“合众弱以攻一强”，连横是“事一强以攻弱”（《韩非子·五蠹》）。起初合纵与连横对秦对齐均无不可，但到“长平之战”后，合纵便成为合六国之力以抗强秦，连横便成为六国分别降秦的固定意思了。

在合纵连横政治风云中，出身于魏国贵族的张仪，为六国连横事秦，活动于秦、楚、魏诸国间，对秦的强大和统一起了积极的推动作用，这在《史记》和《战国策》中有可信的记载。张仪连横的成功，使能与秦抗衡的唯有齐国而已，出身于东周洛阳，而为燕昭王亲信的苏秦，为谋求燕国的强大生存，转移齐国对燕国的虎视，便游说于齐、赵、韩、魏诸国，或组织合纵伐秦，或煽动合纵攻齐，特别是在齐国从事了大量的反间活动，最后以致于被齐湣王车裂而死。苏秦合纵之术，使强齐渐次削弱，歪打正着，与张仪一样，也为秦横扫六合，统一华夏创造了有利条件，这在《战国策》和《战国纵横家书》中有确切的记载。张仪、苏秦是鬼谷子纵横学说的杰出继承者。他们都堪称先秦卓越的外交家、政治家、军事家、思想家。他们“度时君之所能行，出奇策异智，转危为安，运亡为存，亦可喜，皆可观”，“皆高才秀士”（《战国策·刘向书录》）。他们坐而议论风生，起而叱咤风云，是战国“百家争鸣”时代能量最大的一家。

由于秦汉以来，中国历代封建统治者以“张仪、苏秦之言，乱国政”（《资治通鉴》卷二七）而横加贬抑，纵横家说遂黯然失色，鬼谷子其人其书，也大受连累而无以倡行光大。

从《鬼谷子》“捭阖、反应、内揵、抵巇、飞钳、忤合、揣篇、摩篇、权篇、谋篇、决篇、符言、本经阴符七篇、持枢、中经”诸名目看，这是典型的战国纵横家思想资料，与先秦诸子其他学派应作等量齐观，一视同仁。明代有识之士唐顺之尝谓：“秦汉以前，儒家有儒家之本色，至如老、庄家，有老、庄家本色，纵横家有纵横本色，名家、墨家、阴阳家皆有本色，虽其为术也驳，而莫不皆有一段千古不可磨灭之见，是以老家必不肯剿儒家之说，纵横家必不肯借墨家之谈，各自其本色而鸣之为言。其所言者，其本色也。是以精光注焉，而其言遂不泯于世”（《答茅鹿门知县二》，《荆川先生文集》卷七)。《汉书·艺文志》“纵横流”列《张子》13 篇，《苏子》31 篇，均佚，若随考古事业之发展，张仪，苏秦之书能如长沙马王堆汉墓帛书《战国纵横家书》一样重见天日，对鬼谷子与纵横家之研究必会有一新天地。

兵家：兵家是先秦“诸子百家”中应用性最强的一家，其代表人物有孙武、孙膑、庞涓、尉缭、吴起等人，大都有兵法书典传世。在这些军事家中，孙膑、庞涓即出鬼谷子门下。“兵者，诡道也。”诡者，鬼也。

通览《鬼谷子》全书，其通权达变谋略之术，可应用于军事兵法者比比皆是。鬼谷子不仅教出了孙膑这样的兵法家，《鬼谷子》一书对后世历代兵法著作也产生过深远影响，这是需要作专门学术发掘的。在后世附会或伪托鬼谷子的著作中，有一些就是兵法方面的，如《鬼谷子先生占气》《鬼谷子天甲兵常穰术》等。《鬼谷子先生占气》有《鬼谷子风云气候诀》《军气杂占》和《十干占》等篇，是《汉书·艺文志》上所谓的“兵阴阳家”的东西。鬼谷子在兵法史上的影响主要表现在“兵阴阳家”，而“兵阴阳家”又是中国古代兵家文化中内容极神秘丰富的部分，考察鬼谷子对历代“兵阴阳家”的影响及“兵阴阳家”在中国古代传统军事文化史的发展，对学术研究和弘扬传统文化都是亟需而不可或缺的。

道家：从中国思想史上讲，《鬼谷子》的内容与老子《道德经》有近似的哲学价值，其从“道”的高度论阴阳，柔刚，开闭，弛张之消息变化，并据“道”，以审时度势，顺天应人，或出或入，或进或退，或合或离，或连或断，或显或隐，或守或变，或信或疑，或取或弃，议论甚为宏富深刻，标出了不少哲学的概念，范畴。以“道”来立论，从形式，到内容都颇似《老子》笔法。从政治思想史上看，道家的《老子》与法家的《韩非子》都是论“帝王南面之术”和“为君”之道的，从这个角度读《鬼谷子》，也可以品得个中三味。又，据日·武内义雄考析，《鬼谷子》的《符言篇》与《管子·九守篇》颇似，约成于齐宣王时代，与道家、法家思想契合。仙道家历来都奉鬼谷子为祖师。传说鬼谷子有弟子五百余众，茅濛即是从习仙道之术的高足。

关于鬼谷子的结局，有随老子西出函谷关而化于流沙之说。从神道角度写鬼谷子的书所遗甚多，如《录异记》《太平广记》《金楼子》《道藏目录详注》《十洲记》等。在道家转化成道教之后，不仅给老子以无尚崇高之神位，鬼谷子也高居“真人”灵位。

今传《鬼谷子》版本即取自明正统《道藏》陶弘景注本。在《道藏》之中，不仅还有《黄帝阴符经集注》一卷，伪托者欲神其书，把集注者名单上列入鬼谷子的名字，而且还有所谓的《鬼谷子天髓灵文》二卷，此书上卷为“水帘洞主鬼谷子”《秘密天文》，卷下为《混天移地法》，《天髓治国安邦章》和《造化灵药》，主要讲符咒、录仪、图印、方药、法术等。关于鬼谷子与道家、道教的关系及鬼谷子在道教史上的地位和具体影响，是研究中国传统文化史者不可忽视的问题。

名家、墨家、阴阳家、儒家：在先秦时代，《邓析子》归于名家，《鬼谷子》中的《符言》篇与《邓析子》内容颇多相似之处，值得参照论衡。

墨家一派，在先秦是“显学”，其与鬼谷子之关系本属盲昧无稽之事，但明代冯梦龙在《东周列国志》中，却写道，“却说周之阳城，有一处地面，名曰鬼谷。以其山深树密，幽不可测，似非人之所居，故曰‘鬼谷’。内中有一隐者，但自号曰‘鬼谷子’。相传姓王名栩，晋平公时人。在云梦山与宋人墨翟一同采药修道。”这里讲鬼谷子与墨子关系如此密切，不知何所据也，存疑待考。阴阳家在先秦以邹衍为代表，实则多由燕齐方士组成，队伍甚大，影响也不小，由于史料的局限，学术界对此一派研究不多。方士的存在，是中国传统文化的一大特色。有关方士的史料，可以说是汗牛充栋，连篇累牍的，而学术界由于观点上的局限，也用力甚少。以至于今，阴阳家、方士与中国传统文化这个极大的课题仍是相当荒芜的园地，鬼谷子是一位著名的“隐士”，也是一位方士，《十洲记》和《金楼子》对鬼谷子与方士及他们与秦始皇的关系有生动反映，虽然或出伪托，但毕竟是属于与鬼谷子有关的文化现象，一样值得留心。后世方士，阴阳家不神秘其术数，多托伪于如鬼谷子这样的高古名人。儒家的代表人物孔子、孟子等人，在先秦与鬼谷子毫不相干的，但鬼谷子这位高明的“隐士”与以经营天下为志，到处游说以求售其学说的孔孟在聚徒授学，积极入世，著述经门人弟子整理而成等方面是极相似的。

鬼谷子与儒家创始者无直接关系，但鬼谷子学说在后世却不断受到儒学思想家的讦诋。

如唐代柳宗元尝作《鬼谷子指要》一文，称：“《鬼谷子》要为无取，汉时刘向、班固录书，无《鬼谷子》，鬼谷子后出。而险盭峭薄，恐其妄言乱世，难信。学者宜其不道。而世之言纵横者，时葆其书，尤者，晚乃益出‘七术’，怪谬异甚，不可考校。其言益奇，而道益狭，使人狙狂失守，而易于陷坠。”

宋代晁公武《读书志》也说《鬼谷子》“教人诡治、激讦、揣测、险猾之术。”

明代宋濂《诸子辨》说：“鬼谷子所言之捭阖、钩钳、揣摩之术，皆小夫蛇鼠之智。用之于家，则亡家；用之于国，则偾国；用之于天下，则失天下。”

由于汉代以后儒学是官学，高踞庙堂，统治中国政治思想界，所以，儒学对待鬼谷子的态度就与鬼谷子学说在后世的文化命运息息相关了。鬼谷子与神秘文化以数术宗教为主干的中国神秘文化，是中国传统文化大观园中最为绚丽诱人、最富魅力的部分之一，它在中国传统文化源远流长、博大精深的历史长河中，一般作为潜流隐性存在着，不绝如缕，绳绳相继。在中国传统神秘文化史上，鬼谷子自有其独特地位。鬼谷子与神秘文化的关系，主要表现在易卦、星命、相术、占气、气功和特异功能诸方面。

易卦：世传的与鬼谷子有关的这方面的著述有《鬼谷子分定经》《周易鬼谷林》《鬼谷神数》等书。这些书基本上是托伪之作。“鬼谷子”易算法，是后世易林中人假鬼谷子之名而创编的，与通行的《周易》筮占法式有所不同。如永乐大典本《鬼谷子分定经》“以年时为主，遂成一卦。一卦之中而有三宿，照临之端，以定其格。”“如六甲生人，见甲子时，则于甲甲内取子时；或六乙生人，见甲子时，则于乙甲内寻子时。余皆仿此。”全书按十天干相乘排列成一百卦，卦辞内容涉及卦象、卦运、卦理等，对人的性格及富贫寿夭穷通作有扼要的解释。此种易卦之法，今世易林罕有用者，但在中国易学史上却自有一席之地。

星命：世传托名鬼谷子的算命之书有《鬼谷先生五命》《李虚中命书》《李虚中命书补遗》《鬼谷子分定经》等。在这些托伪之书中，尤以《命书》最有代表性。此书旧题鬼谷子撰，李虚中注。

此书卷首有李虚中序，序文称汉代司马季主在壶山之阳遇鬼谷子，得遗文九篇，每言人之祸福、时数、吉凶，应如神察，李虚中得其旧文，掇拾诸家注释而成集。李虚中，唐代魏郡人，字常容，曾官至侍史，从韩愈为其作的墓志铭看，其精通阴阳五行，以人之生年月日及时辰代人干支以推寿夭贵贱、吉凶祸福，百不失一，因此李为《命书》作序作注，应无疑义。司马季主，西汉人，《史记·日者列传》中有载。李称其书是司马得之于鬼谷子，则未可信，因鬼谷子为战国时人，司马所见之鬼谷子为战国鬼谷子之后传弟子，倒有可能。此《命书》是后世“四柱八字”算命说的经典著作，影响极大，内中虽有极浓重的神秘文化色彩，但亦不乏高明的辩证法精蕴。在后世伪托的以鬼谷子命名的星命书中，还有《鬼谷推命术》，内有“紫微斗数推命”和“星象推命”，其以天文附会人事，是中国传统的天、地、人“三才”哲学的反映，从文字形式和内容上看，与先秦的鬼谷子是没有什么关系的。

相术：后世附会伪托的有关鬼谷子相术著作有《鬼谷子观气色出相图》《鬼谷子相术》，其相术资料也散见于《古今图术集成》丛书所收的《神相全编》诸节之中。其相法分相面、相掌、相须眉毛发、相身、相形、相言、相心、相神、相德等六面，又有“神通相法”“十大天罗相法”“相法细则”诸项，从中国相学史上考察，上述相法约成于宋明，与先秦之鬼谷子未必有什么渊源关系，托名鬼谷子，假以神其术耳。

占气：这方面的著述主要是《鬼谷子先生占气》，其内容可归之于“兵阴阳家”，此点上文已提及，从其文字看，对照先秦兵法著作及诸子著述，《占气》的基本内容可能成于先秦，秦汉之后，略有增删补益，其与鬼谷子本人关系具体如何，不得而知。

气功与特异功能：鬼谷子既是一位高明的“隐士”，也可能还是一位古代的气功、特异功能大师，其门人弟子茅濛即是鬼谷子在这方面的高足。世传托名鬼谷子的这个方面的著作有《鬼谷子养性修贞大法》《鬼谷子天髓灵文》《鬼谷子还丹歌》《周道神境鬼谷林》和《鬼谷先生射覆歌》等，这些文字虽然未必出自鬼谷本人之手，但很可能是鬼谷子的弟子或后传弟子根据鬼谷子的传授和个人修炼经验整理编写而成。

6.《鬼谷子》与老庄

《鬼谷子》与老庄，正如《鹖冠子》和《文子》，《鬼谷子》被认为是伪书一样。萧登福《鬼谷子研究》确证它是战国时代记载纵横学的硕果仅存者。二千年来它被低估为纵横家的诡谲权谋，丰富的人生哲学却遭忽略。初唐长孙无忌《鬼谷子序》欣赏纵横家对君主“谕以九税之利、九仪之亲、九牧之维、九禁之难、九戎之威”。但是特重‘九’的经典是《易》而非《老》《庄》。北宋高似孙《子略》盛赞《鬼谷子》变诈激昂……出于战国诸人之表。夫一辟一阖，《易》之神也；一翕一张，老氏之几也。

鬼谷之术，往往有得于阖辟翕张之外，神而明之，益至于自放溃裂而不可御。高似孙已知纵横家容易走火入魔了。

明初宋廉《诸子辨》反对高氏的过誉，贬抑鬼谷子的黄老哲学为“恒语”，即老生常谈甚至陈腔滥调。恪尊程朱的方孝孺在《读〈读战国策〉》痛斥“功利炽，而仁义销矣；游说行，而廉耻衰矣；谲诈盛，而忠厚之风息矣。”

这种倾向泛道德主义，须知游说列国诸侯未必寡廉鲜耻如妾归，孔孟也曾游说而失败，问题在于游说的内容和目标是功利抑或仁义。胡应麟《四部正伪》骂鬼谷子浅陋。

清代孙德谦《诸子通考序》为鬼谷子平反道：“苏（秦）、张（仪）学于鬼谷子，历说诸侯，取富贵于立谈。儒者每鄙之为不足道，然禁攻息兵，天下稍免干戈之患，其功烈亦何可轻议?”

孙德谦《诸子通考》卷2指出：“儒术独绌（屈），孟荀不得志于世，而从（纵）横家反能显荣于天下，此非《六经》之无用，可束高阁焉。亦以生逢乱世，别有匡济之学术耳。闻之公羊家有张三世之说：一据乱世，一升平世，一太平世。以吾言之：诸子者，乱世之所贵；而《六经》者，其为太平世矣”。在孙德谦心中，乱世仅能用权、奇、变而不可取经、正、常，否则迂阔虚浮、华而不实。升两平、太平两世不妨遵循儒典。高似孙对鬼谷的推崇未必过度，宋濂对鬼谷的弹诃必定太严了!

《四库全书总目·〈鬼谷子〉提要》兼否定高、宋两极端批评，尤其是不满宋濂《谮溪集》诋为蛇鼠之智，结论比较附和融会儒佛的柳子厚：柳宗元辨《鬼谷子》，以为言益奇，而道益隘，差得其真。盖其书虽不足道，其文之奇变诡伟，要非后世所能为也。柳氏厌恶鬼谷好术，即是痴迷于权谋术数。此乃老庄与鬼谷的差异。然而鬼谷深受老庄沾溉，让我逐篇指陈。《捭阖》篇阴阳其和显然来自《老》《庄》《易》，特别是老子“万物负阴而抱阴，冲气以为和。”“为小无内，为大无外”，源于《庄子·天下》惠施诡词“至大无外……至小无内。”阳还终始，阴极反阳的灵感取自老子反者道之动及《周易》，老子虽未造“捭阖”一词，但有“开阖”、“张翕”两对同义的概念。

《反应篇》“欲闻其声反默，欲张反合，欲高反下，欲取反与”四句显然采纳老子“将欲歙之，必固张之；将欲弱之，必固强之；将欲废之，必固兴之；将欲夺之，必固与之。”当然鬼谷子绝无教人防避阴谋的慈心。他所言“莫见其门是谓天神”强调真人不露相，或无形容。老子说过“圣人不行而知，不见而名”《庄子·知北游》谓至道“无门无房”，《则阳》，又说“万物有乎生而莫见其根，有乎出而莫见其门”。《内揵篇》“独往独来”出自《庄子·在宥》“独往独来，是谓独有；独有之人，是谓至贵”。“环转因化”似从《庄子·齐物论》获致。《抵巇篇》物有自然的“自然”源于老子“道法自然”；“经起秋毫之末，挥之于太山之本”发挥《庄子·齐物论》“天下莫大于秋毫之末，而太（泰）山为小”。鬼谷子颂赞圣人洞察危殆的预兆云：“事之危也，圣人知之，独保其用。因化说事，通达计谋，以识细微。”老子早已领悟“其安易持，其未兆易谋；其脆易判，其微易散。为之于未有，治之于未乱。合抱之木，生于毫末；九层之台，始于累土”。抵巇就是防范于未然。防范属消极面，积极面是伟大事业从小事做起，即老子“千里之行，起于足下。”《飞钳篇》“心意”可能出自《庄子·让王》“逍遥于天地之间而心意自得。”连兴趣最广泛的朱熹，对鬼谷子都无阅览，不必谈其它宋明理学家吧！

《忤合篇》“世无常贵，事无常师”可能受益于《庄子·徐无鬼》“时为帝者也”和“学一先生（老师）之言，则暖暖昧昧而私自说（悦）也，自以为足矣，而未知未始有物（实学）也，是以谓暖昧者也。”杜甫遂谓“转益多师是汝师”。每位老师不免先天后天的局限与盲点，不能有固定的老师，正如不同时势造就分歧的贵重物品，往往实用者珍贵，除非装饰品。鬼谷子又倡“圣人常为，无不为”；“材质不惠（慧），不能用兵；忠实无真，不能知人”。

老子已言“道常无为而无不为”；“以正治国，以奇用兵”；“用兵有言，吾不敢为主而为客，不敢进寸而退尺。”“知人者智，自知者明”。

《庄子·渔父》说“圣人法天贵真”，《庄子·田子方》有褒词“其为人也真”。无真就是虚情假意，戴上假面具，障碍彼此精神的沟通。存在主义亦倡真人不戴假面具，不会与别人疏离或异化，甚至具备吸引群众的魅力。

《揣篇》“情欲必失其变。感动而不知其变者，乃且错其人，勿与语，而更问所亲，知其所安”。其中“情欲”出自《庄子·天下》“情欲寡浅”一语。

《庄子·人间世》假托孔子教训颜回说“入则鸣，不入则止”，比较后来鬼谷子消极一些。对鬼谷子“揣情最难守司（掌握）”，陶弘景疏论云：“人情险于山川，难于知天。今欲揣度而守司之，不亦难乎！”原来《庄子·列御寇》借孔子口云：“凡人心险于山川，难于知天”。陶氏改“心”为“情”。

《摩篇》“神明”一词源于《庄子·天下》。《庄子》多篇强调道术必须配合时势，鬼谷子也说："夫事成必合于数（术），故曰道数与时相偶者也。"陶弘景指出道、术、时三要素，他像《庄子》比较轻视"数"。鬼谷子主张"成而不抱（包，居），久而化成"，沿袭老子"生而不有，为而为恃，长而不宰，是谓玄德"之意。人文化成不能性急，而须长久忍耐。"不失其所者久，死而不亡（忘）则寿"。分说生物与人类。"进化"函蕴"长久"如"天地"。《权篇》"佞言者谄而于（干，求）忠，谀言者博而于（干，求）智，……。先意承欲者，谄也；繁称文辞者，博也。……故介虫之捍也，必为坚厚；螯虫之动也，必以毒螫。故禽兽知用其长，而者知用其用（所长）也。"此段似受益于《庄子·渔父》"莫之顾而进谓之佞，希意道（导）言谓之谄，不择是非而言谓之谀。"以及《庄子·庚桑楚》"唯虫能虫，唯虫能天"。鬼谷子类比人类和昆虫，认为辩士善用长处，恰似甲（介）虫与螯虫（如蜂蝎）本能运施天赋的壳和刺。

老子"知者不博，博者不知"抨击博学。鬼谷子亦以'博'为贬词，似与孔子、荀子、黄石公、朱子的博学精神相反，即带反重智主义色彩。

实际上《荀子·宥坐》抨击少正卯"记丑而博"同老子以"博"为杂乱而非功力深厚，黄石公《素书·求人之志》却倡"博学切问，所以广知"。《谋篇》"参（三义）以立焉，以生奇"的"奇"大多出自老子，遂阐释道："正不如奇，奇流而不止者也。故说人主者，必与之言奇"。

鬼谷子懂得人性好奇爱胜，乐意出奇制胜，"事贵制人，而不贵见制于人。制人者，握权也；见制于人者，制命也"。这远比庄子"物物而不物于物"积极。老子透视"欲 A 先 A"（如欲取先与）式阴谋，教人防范而非运用；韩非子纯粹视作阴谋，鬼谷子更说："阴道而阳取之也。故去之者，纵之；纵之者，乘之"。他教人用秘密方法博取对方的欢心好感。若要干掉某人，先须放纵他，让他尽情放肆积恶，然后趁机乘势除掉此眼中钉。诸葛亮擅长实践孙子兵法，对孟获的七度擒纵符契三十六计的第十六计"欲擒故纵"。

鬼谷子的"阴道"可溯源于《老子》《孙子》和《易·屯卦》三十六计第二十七计"假痴不癫"云："宁伪作不知不为，为伪作假知妄为。静不露机，云雷屯也。"清代姚配中《周易姚氏学》说："冬雷藏地中，至春乃激薄（逼）而出"。智者深藏不露，始能顺利清理门户。"静不露机"就是实践阴道，包括孙武的愚兵手段使兵"无知"。

近代李宗吾《厚黑学》不是兵法，而客观描述人心阴险奸诈，堪称最广义的“阴道”了。《决篇》“阳励于一言（真话简明），阴励于二言（真假虚实的话）。平素、枢机以用四者。微（阴隐奥妙）而施之。于是度以往事，验之来事，参之平素，可则决之。”此段似要参考《庄子·天下》“以法为分，以名为表，以参为验，以稽为决。共数一二三四是也。”此“四”非鬼谷子所谓一言、二言、平素及机枢，老子“微明”之“微”亦指隐秘的政策谋略，对照显露的法令计划。

《符言篇》“名当则生于实”，必定采取《庄子·逍遥游》“名者实之宾也”。《转丸篇》亡佚，篇名令人联想《庄子·徐无鬼》“市南宜僚弄（转）丸而两家之难解”。《胠箧篇》亡佚，钱穆凭一句引文同《庄子·胠箧》而武断地认为全篇抄袭《庄子》。《本经阴符》卷包括七篇：《盛神篇》主张“养神之所归诸道。道者，天地之始，一其纪也。物之所造，天之所生，包宏无形。化气先天地而成，莫见其形，莫知其名，谓之神灵。故道者，神明之源，一其化端。……生受之天，谓之真人。真人者，与天为一。而知之者内修炼而知之，谓之圣人。圣人者，以类知之。……知类在窍，有所疑惑，通于心术。……真人者，同天而合道，执一而养产万类，怀天心，施德养，无为以包志虑、思意，而行威势者也。士者，通达之，神盛乃能养志。”此篇运施老庄的形而上学与功夫论，“神明”“审灵”同义。

老子比孔子早用“圣人”一词。庄周首创“真人”一语、黄老学派杰作《管子·心术》可能始造心术一词，老庄启迪的《易传》说“阴阳不测之谓神”。

《庄子》“神人”即圣人、至人或真人。圣人亦需学习——内修炼，譬如像《荀子》提倡的“知统类”。《庄子·天地》勾勒真人形象云：“古之畜（养产）天下者，无欲而天下足，无为而万物化，渊静而百姓定。《记》（古书）曰：通欲一百万事毕，无心‘于’得而鬼神服。”通于一即“执一”或“守一”，“神盛”即《庄子》“神旺”，“养志”即《庄子·在宥》“心养”（养心）和《庄子·天运》“养神”，“天心”近似《庄子》“天机”、“天和”。《养志篇》云：“养志法灵龟。……欲多则心散，心散则志衰，志衰则思不达也。”欲心志思四部曲可简化为理欲两项。

《易·捐卦》倡君子惩忿窒欲，即加强理性对治感性冲动。道教比先秦道家哲学更尊擅长调息的灵龟，仿佛龟能清心寡欲。

葛洪《抱朴子·对俗》反问：“《仙经》象龟之息，岂不有以乎？”晚唐道家隐士陆龟蒙推测鬼谷子名王诩。

稍迟于鬼谷子的黄石公，在《素书·求人之志》酷似捐卦倡导

“绝嗜禁欲，所以除累”。难怪黄石公启蒙的张良似范蠡，免蹈文种（可能作《文子》）的悲惨覆辙，文种多欲恋栈。鬼谷子的贬词“欲多”“心散”、“志衰”“思不达”（宜改为“思滞”以保持一律两字）贬“欲”为祸根，可能薰染陈平当面指责汉高祖“多欲，乃道家之所恶”。

《实意篇》主张“心欲安静，虑欲深远。信心术，守真一而不化……，待神往来，……知万物所造化…不出户而知天下，不窥牖而见天道。不见（现）而命，不行而至。是谓道知，以通神明，应于无方，而神宿矣”。“心术”出自《庄子·天运》“精神之运，心术之动”。

老子歌颂圣人“不出户，知天下；不窥牖，见天道……不行而知，不见而名（不必观察外界而能明白事理）”。老聃又倡“致虚极，守静笃”，虚静始能深谋远虑；所以儒道之间的贾谊在《过秦论》说：“深谋远虑，行军用兵之道，非及曩时（往昔）之士也”。贾谊比较务实，不会仿效《吕氏春秋·重言》褒赏“圣人听于无声，视于无形，詹何、田子方（子贡门人）、老耽（聃）是也”。

鬼谷子向往“通神明”的玄妙境界，“神明”等于“造化”。《庄子·大宗师》创造优秀的譬喻：“以天地为大炉，以造化为大冶”。

《天下篇》描述真人“独与天地精神往来”。就是通神明。《天运篇》动于天方，居于窈冥不外鬼谷子“应于无方”。

《分威篇》以“伏熊为典范，教人模仿熊罴出击前在草丛或树后窥伺埋伏”，刚似《庄子·逍遥游》所述狸狌（野猫）“卑身而伏，以候敖（遨）者”，却非效法（刻意）篇“熊经鸟申”。《散势篇》倡导“心虚志溢”且反对“精神不专”。

老子首先颂“虚”，《国语·越语下》提出“天道盈而不溢”，然而“志溢”非贬词而为褒词，等同志远，像鲲鹏而非斑鸠，又似《庄子·养生主》那庖丁“踌躇满志”，必须“用志不分，乃凝于神”（《达生》），即心无旁骛。

《转圆篇》主张“以不测之智而通心术。而神道混沌为一，以变论万义类。……故兴造化者为始，动作无不包大道，以观神明之域。”“神道”之道指规律或事理。“混沌”出于《庄子·应帝王》“中央之帝为混沌”，鬼谷子改造“浑沌”成动词。《损兑篇》非合并《易》经损、兑两卦要旨，因为此兑，不通“悦”而指变换。结语“善损兑者，譬如决水于千仞之堤，转圆石于万仞之谿”，似受裨益于《庄子·秋水》。

《持枢篇》简赅："持枢"谓"春生、夏长、秋收、冬藏，天之正也，不可干而逆之。逆之者，虽成必败。故人君亦有天枢，生养成藏，亦复不别干而逆之。逆之，虽盛必衰。此天道、人君之大纲也。"自然规律神圣不可干犯忤逆，否则自取灭亡，即自作孽。中国哲学以道家最尊重自然规律，感染《管子·八观》"江海虽广，池泽虽博，鱼鳖虽多，罔罟必有正。"此正指准则、规矩及管理。

《庄子·德充符》赏与"受命于天，惟舜独也正，幸能正生以正众生"，正生即正性，"正"是标准或法则。《商君书·开塞》"讼而元正，则莫得其性也"，"正拾准绳"。陶弘景慨叹云："此《持枢》之术，恨太简促，畅理不尽；或篇简脱烂，本不能全也。"他未注意"天枢"即"《庄子·齐物论》"道枢"或"环中"。《中经篇》强调"制人者握权，制于人者失命"。将《庄子》"物物而不物于物"函义推到积极的政治军事。

鬼谷子"观漫澜之命，使有后会"，陶弘景注称："性命漫澜而无极，终会于永年"。"漫澜"是褒词，似改造《庄子·在宥》"大德不同，而性命烂漫矣"的贬词"烂漫"。鬼谷子说："圣人所贵道微妙者，诚以其可以转危为安，救亡使存也。"老子已倡"尊道贵德"；"古之善为士（抱道）者，微妙玄通，深不可识。"末句即孟子"圣而不可知之之谓神"。

孔孟无权，遂郁郁不得志。庄周放弃担任宰相的权柄而效自由乌龟。《中经》像黄老帛书正视权位的必要性。

瑞士汉学家胜雅律融会中西兵法而撰《智谋》成名，精通三十六计，然而未尝充分运用鬼谷子的智谋呢？我要指出，纵横家和兵家不必放弃儒家所重的仁义。孙武、吴起齐名，《孙子兵法》亦谈仁义，以智信仁勇严为五德。子夏门徒吴起以道义礼仁为四德。孙武的孙儿孙膑说："权衡，所以篡（选拔）贤取良也"，齐景公大夫司马穰苴《司马法·仁本第一》，更重仁义道："古者，以仁为本，以义治之之为正。正不获意（符合理想）则权（奇变）"。《严为第四》又说："凡民，以仁救，以义战，以智决，以勇间，以信事，以利劝，以功胜。故心中仁，行中义，堪物智也，堪大勇也，堪久信也。"有趣的是秦始皇的军师尉缭子，深受老子启发，虽不倡仁义而跟随老子谓"兵者，凶器也；争者，逆德也；将者，死官也。故不得已而用之。"，老子"三宝"首项"慈"近似儒家的"仁"，包含爱惜军民性命，遂斥兵为不祥。伪托姜太公（吕尚）撰的兵书《六韬》应成于战国晚期，《文韬大礼篇》用黄老学派口吻说："安徐而静，柔节先定；善与（仁慈）而不争，虚心平志，待物以正”。下文“以天下之目视，则无不见也；以天下之耳听，则无不闻之；以天下之心虑，则无不知也”，此段同《鬼谷子·符言》和《邓析子·转辞》，未知谁较早。《鬼谷子·内揵》篇也不废仁义道：“由夫（依据）道德仁义，礼乐计谋。”意谓计谋以道德仁义、礼乐忠信为根基。黄石公《原始篇》“道德仁义礼，五者一体矣”，矣”，这比《老子》《求人之志篇》“绝嗜禁欲，所以除累”则比《鬼谷子》更倾向禁欲主义。

二、鬼谷子对世界的影响

中国有着悠久的历史和令世人瞩目的文化遗产。据说当拿破仑看到《孙子兵法》的时候，为其博大精深所震惊。德国史学家、社会政治学家斯宾格勒则对鬼谷子及纵横家的智谋赞叹不已。为日本军国主义立下汗马功劳的大特务头子土肥原贤二把《鬼谷子》一书作为他自己以及日本特务机关的秘密武器，要求每个间谍人员必读。日本学者、企业家大桥武夫把鬼谷子运用到经营活动中，写出一部鬼谷子智谋应用实例，取名“兵法与鬼谷子”。

此外，在研究考据方面，日本学者武内义雄和丸山松幸的著述也有很深的功底，其水平不在华人学者之下。这些事实说明鬼谷子学说的学术地位和应用价值在世界上也是被公认的。

1. 鬼谷先生在德国

德国著名历史哲学家斯宾格勒称：鬼谷子因有察人之明和对历史可能性的洞察以及对当时外交技巧的掌握而成为最有影响的人物。认为鬼谷子“是一个知识渊博的怀疑论者”。奥斯瓦尔德·斯宾格勒，生于1880年，卒于1936年，他青年时代就读于哈雷、慕尼黑和柏林等大学。其代表作是《西方的没落》。斯宾格勒的著作在西方有很大影响。

2. 鬼谷先生在美国

《鬼谷子》作为纵横家的理论著作，很早就被传到美国。鬼谷子谋略也深为美国人重视，1955年台湾的陈英略写出了《鬼谷子的心理作战方法与理论》一书，马上被美国人译成英语，当时美国驻台湾的军事顾问团团长蔡斯将军为此书写了序言。自此鬼谷子之名在美国又得以进一步传播，并为从事现代军事政治活动的人士所注意。

美国在70年代出了一个穿梭外交家——基辛格。基辛格生于德国，到美国后在就学期间大量地阅读了现代一些著名史学家的理论，他最佩服的两个人是斯宾格勒和汤因比，而这两人都对中国古代文化予以极高评价。斯宾格勒十分推崇中国纵横家的智慧，他在《西方的